统计学管理与方法创新探究

冷仁峰　郭培志　姬辉 ◎ 著

吉林科学技术出版社

图书在版编目（CIP）数据

统计学管理与方法创新探究/ 冷仁峰，郭培志，姬辉
著. -- 长春 ：吉林科学技术出版社，2023.3
ISBN 978-7-5744-0180-8

Ⅰ．①统… Ⅱ．①冷… ②郭… ③姬… Ⅲ．①统计学
Ⅳ．①C8

中国国家版本馆 CIP 数据核字(2023)第 056463 号

统计学管理与方法创新探究

作　　者　　冷仁峰　郭培志　姬　辉
出 版 人　　宛　霞
责任编辑　　管思梦
幅面尺寸　　185 mm×260mm
开　　本　　16
字　　数　　265 千字
印　　张　　11.75
版　　次　　2023 年 3 月第 1 版
印　　次　　2023 年 3 月第 1 次印刷
出　　版　　吉林科学技术出版社
发　　行　　吉林科学技术出版社
地　　址　　长春市净月区福祉大路 5788 号
邮　　编　　130118
发行部电话/传真　　0431-81629529　81629530　81629531
　　　　　　　　　　　　81629532　81629533　81629534

储运部电话　　0431-86059116

编辑部电话　　0431-81629518
印　　刷　　北京四海锦诚印刷技术有限公司

书　　号　　ISBN 978-7-5744-0180-8
定　　价　　65.00 元

前　言

　　统计学在现代社会得到了越来越广泛的应用，信息时代的产生和发展本身就是以充分利用信息和数据，以及先进的信息和数据处理技术为基础和前提的。所以，现代社会的一切有组织的活动都离不开对各种统计数据的收集、整理和分析，社会对统计学的发展和应用正呈现出十分迫切的需求。电脑和通信技术的日益成熟也为统计方法的应用提供了强有力的工具，这也促进了统计的实用化和逐渐普及。伴随着这种社会发展趋势，越来越多的工商企业需要运用统计知识进行管理和决策。

　　本书是统计学管理与方法创新探究方向的著作，本书从统计概述介绍入手，针对统计与统计学、统计数据与统计信息、统计学中几组基本概念、统计管理体制及统计法规制度进行了分析研究；另外，对数据特征、统计数据的管理与运用做了一定的介绍；还剖析了抽样调查与抽样推断、方差与回归分析、时间序列、对比与统计指数分析等内容。本书论述严谨，结构合理，条理清晰，内容丰富，旨在摸索出一条适合现代统计学管理与方法创新的科学道路，帮助统计工作者在应用中少走弯路，运用科学方法，提高效率，对统计学管理与方法创新探究有一定的借鉴意义。

　　在本书的策划和编写过程中，曾参阅了国内外大量文献和资料，从其中得到启示；同时也得到了有关领导、同事、朋友及学生的大力支持与帮助，在此致以衷心的感谢。本书的选材和编写还有一些不尽如人意的地方，加上编者学识水平和时间所限，书中难免存在缺点，敬请同行专家及读者指正，以便进一步完善提高。

作者

2023 年 4 月

前言

目 录

第一章 统计概述

第一节 统计与统计学

一、统计的含义

统计作为一种社会实践活动，已有悠久的历史。可以说，自从有了国家就有了统计实践活动。最初，统计只是为统治者收集和提供管理国家所需的资料，弄清国家的人力、物力、财力。例如，在古巴比伦、古埃及和古罗马就有人口和资源数量的详细记载。

"统计"一词最早出现于中世纪拉丁语的 Status，意思是指各种现象的状态和状况；之后又由这一语根组成意大利语 Stato，表示"国家"，也含有国家结构和国情知识的意思；18 世纪的德国政治学教授阿亨瓦尔（Achenwall）根据这一语根把"国家"的学名定为"Statistika"（统计）。该词的原意是指"国家显著事项的比较和记述"或"国势学"，他认为统计是关于国家应注意事项的学问。此后，各国相继沿用"统计"这个词，并把这个词译成各国文字。例如，法国译为 Statistique；意大利译为 Statistica；英国译为 Statistics；日本最初将其译为"政表""政算""国势""形势"等，直到 19 世纪 80 年代初在太政官中设立了统计院，才确定以"统计"二字正名。1903 年由钮永建、林卓南等翻译的日本横山雅南所著的《统计讲义录》一书，把"统计"这个词从日本传到我国。20 世纪初彭祖植编写的《统计学》一书是我国最早的一本"统计学"书籍。如今，"统计"一词成了记述国家和社会状况的数量关系的总称。

"统计"一词在我们日常生活、经济工作和科学研究中出现的频率越来越多。其中，统计信息作为社会经济信息的主体，被广泛运用于国民经济的各个部门、各个行业，日益受到人们的重视。人们经常使用的"统计"一词，一般从以下三个方面理解：

（一）统计工作

统计工作即统计实践或统计活动，是在一定的统计理论指导下，采用科学的方法收集、整理、分析统计资料的一系列活动过程。它是随着人类社会的发展及治国、管理的需要而产生和发展起来的，至今已有四五千年的历史。在现实生活中，统计工作作为一种认识社会经济现象总体和自然现象总体的实践过程，一般包括统计设计、数据调查、数据整理和数据分析四个阶段。

（二）统计资料

统计资料即统计工作的对象和成果，是指对统计活动过程以及与之相联系的数据资料的分析和文字说明的总称，表现为各种社会经济现象特征的原始记录、统计台账、统计表、统计图、统计分析报告、政府统计公报、统计年鉴等数据和文字资料。

（三）统计学

统计学（Statistics）是指阐述统计工作基本理论和基本方法的学科，即对统计工作及统计资料规律地进行总结和理论概括，是系统化的知识体系。它以大量社会经济现象总体的数量方面为研究对象，阐明统计设计、数据调查、数据整理、数据分析的理论与方法，是一门方法论学科。

"统计"一词的三方面含义之间是紧密联系的，统计资料是统计工作的成果；统计学与统计工作则是理论与实践的关系。

二、统计学的研究对象及其研究方法

（一）统计学的研究对象

一般来说，统计学既可以研究自然现象，也可以研究社会经济现象，本书侧重于对社会经济现象的研究。社会经济现象包括自然现象以外的社会、政治、经济、文化等领域的各种现象。统计学的研究对象是大量社会经济现象总体的数量方面，即以统计资料为依据，具体说明社会经济现象总体的数量特征、数量关系及数量界限。这里所说的数量方面是指社会经济现象的规模、水平、结构、速度、比例关系、普遍程度等。

（二）统计学的研究方法

统计学的研究方法很多，主要有大量观察法、数据分组法、综合指标法、统计模型法和统计推断法。

1.大量观察法

大量观察法是统计分析的基本方法之一，是指对被研究事物足够多的单位进行观察、分析，以反映总体特征的一种统计方法。例如，通过在十字路口观察交通流量，调整某一方向交通信号灯时间的长短。在我国统计实践中，大量观察法被广泛运用于各种基本的、

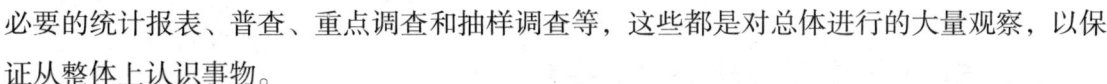

必要的统计报表、普查、重点调查和抽样调查等，这些都是对总体进行的大量观察，以保证从整体上认识事物。

2. 数据分组法

根据研究对象总体的特点和统计研究的任务，按照一定的标志，把研究对象总体划分为不同性质或类型的组，这种方法在统计学上称为数据分组法。例如，研究人口性别比时，将总体按性别分组；研究经济贡献率时，将总体按经济类型分组；研究学生成绩分布时，将总体按成绩分组；等等。这种方法可以把总体内部相同或相似的单位归并到一起，把组与组明显区分开，从而对总体单位划分类型，以反映总体内部结构，分析总体各部分之间的相互关系，揭示现象的数量特征。

3. 综合指标法

综合指标法是指利用各种综合指标对社会经济现象数量方面进行综合、概括和分析的方法，它是统计分析的基本方法之一。在统计分析中，广泛运用总量指标分析法、相对指标分析法、平均指标分析法、变异指标分析法、动态分析法、指数分析法、相关分析法等分析方法，综合地反映社会经济现象的规模水平、比例关系、发展速度等，会使我们对所研究的事物有一个深入的认识。在大量观察和分组基础上计算的综合指标，基本排除了总体中个别偶然因素的影响，可以反映出普遍的、决定性条件的作用结果。

4. 统计模型法

对客观现象的原型进行模拟或仿真，是在较高层次上认识事物的一种方式。统计模型法就是用一套相互联系的数据分组和统计指标，对客观存在的总体及其运动过程做出比较完整的、近似反映或描述的方法。这种方法通常有两种表达方式：一是依据统计指标之间存在的明确数量关系，建立数学方程式或方程组，一般称为统计数学模型；二是依据统计指标之间的逻辑关系，构筑框架式的物理模型，一般称为统计逻辑模型。例如，回归分析属于统计数学模型的表达方式；国民经济指标体系属于统计逻辑模型的表达方式。统计模型法是对大量观察法、数据分组法和综合指标法的进一步综合，能够较为严谨地表现出总体的结构和功能，它是系统理论与统计工作相结合的产物。

5. 统计推断法

社会经济现象是一个十分庞大的系统，有时是无力进行全面调查研究的。由于社会经济现象之间的客观联系和相似性，在很多情况下也不需要进行全面的数据调查。因此，在实际工作中统计推断法运用较多，即根据部分总体单位组成的样本的数量特征去推断总体。就时间状态而言，统计推断法有两种情况：一是依据同一时间的样本指标去推断总体指标，称为静态统计推断；二是依据前一段时间的指标去推断后一段时间的指标，或依据当前的指标去推断未来的指标，称为动态统计推断。例如，我国开展的居民家庭收支调查就属于静态统计推断；市场商品需求预测或前景展望则属于动态统计推断。

三、统计工作过程及统计活动的特点

（一）统计工作过程

统计工作是运用各种统计特有的方法对社会经济现象进行调查研究，以认识其本质和规律性的一种认识活动。统计认识活动就一般意义而言，和其他认识活动一样，是一个由感性认识到理性认识的辩证过程，是一个不断深化的、无止境的长过程，随着客观事物的不断发展变化，统计认识活动也要不断进行。一个完整的统计工作过程一般可分为统计设计、数据调查、数据整理和数据分析四个阶段。

1.统计设计

统计设计就是根据统计活动的目的，结合研究对象的性质、特点，对统计范围、统计指标体系、分类目录、资料的收集整理方法、分析要求以及有关组织工作等方面做出的整体规划。统计设计的结果，一般表现为数据调查方案或统计报表。简单的统计设计也可以表现为数据调查提纲。统计设计是否科学合理、具有可操作性，直接影响统计活动的各个阶段，也会影响统计研究目的的实现。为了把好统计设计这一关，在实际工作中有时需要先对设计方案进行试操作，再修改定稿。可见，做好统计设计工作是一个十分重要的环节。

2.数据调查

数据调查就是根据统计设计所确定的统计指标体系，把研究对象中各单位的某些必须了解的特征记录下来。数据调查既是收集客观资料的具体过程，也是收集次级资料的过程。既要收集统计资料，也要收集相关的业务资料、会计资料；既要收集数字资料，也要深入了解有关活动情况，便于全面分析事物。做好数据调查工作，是数据整理和数据分析的基础。

3.数据整理

数据整理就是根据统计设计的要求，将调查资料进行审核、分组、汇总、编制统计表等科学加工处理的过程，以便清晰地反映研究总体的综合特征。数据整理包括数字整理和文字整理两个方面。数字整理主要依据事先设计的表格和要求进行；文字整理主要依据事先拟定的调查提纲归类。数字整理与文字整理不能分离，应相互联系、相互补充，共同服务于统计研究的目的。

4.数据分析

数据分析就是根据统计研究的任务，以统计数据为基础，结合具体情况，运用静态分析方法和动态分析方法进行分析研究，肯定成绩、发现问题、找出原因，探究事物的本质及其规律性，提出解决问题的办法，以更好地为社会主义现代化建设服务。数据分析是完成统计活动的重要阶段，也是统计研究过程中的最终环节。因此，应当积极地开展数据分析，总结出有数据、有建议的分析资料，以便管理者深入地了解问题，进一步加强管理工

作，从而充分发挥统计信息咨询和监督的职能作用。

（二）统计活动的特点

统计活动是通过调查研究来认识事物的。社会经济统计活动与其他的调查研究活动相比较，具有数量性、总体性、具体性和社会性四个相互联系的主要特点。

1. 数量性

数量性具体体现在三个方面：数量表现，即研究现象的规模大小、水平等；数量关系，即研究现象的内部结构、比例关系、相关关系等；数量界限，即研究现象的质与量互变的界限。例如，老龄社会与非老龄社会的老年人口比例界限是 60 岁及以上的人口占总人口比重达 10% 或 65 岁及以上的人口占总人口比重达 7%。

2. 总体性

统计学的研究对象是社会经济现象总体的数量方面，但在社会经济活动中，个体现象的数量特征和变动趋势是难以说明社会经济现象总体的本质和规律的，只有对社会经济现象总体中的全部或足够多的个体进行调查，才能揭示社会经济现象总体的数量特征和规律。当然，总体是由个体构成的，要认识社会经济现象总体，就必须从调查、了解社会经济现象个体的情况开始，从个体到总体。

3. 具体性

统计学的研究对象是具体事物的数量方面，而非抽象的量。统计学研究的量是在具体时间、地点、条件下的数量表现，它总是和现象的质密切结合在一起。这是统计学与数学的重要区别，数学是研究抽象的数字运算关系，而统计学研究的是具体事物在一定时间、地点条件下的数量表现。

4. 社会性

统计资料是人们有意识地进行调查、整理、分析后得到的结果。因此，统计学研究的社会经济现象是客观存在的。

四、统计学学科体系及其与其他学科的关系

（一）统计学学科体系

进入 20 世纪后，随着数学、社会学、经济学等学科的发展，统计学无论是在理论方法上还是在应用上都得到了迅速发展。统计学学科体系日趋完善，进入现代统计学时期。现代统计学现已发展成一门多分支的学科，并且仍处于不断发展的过程中。根据研究的侧重点不同，人们通常将统计学划分为理论统计学和应用统计学两个大类。

统计学原理是在统计实践的基础上，对统计理论方法的最一般概括，内容包括统计的

对象和任务、统计的理论和方法论基础以及关于统计活动各个环节的理论和方法。统计学原理结合了概率论和数理统计学的知识，是统计实践经验的高度总结，是指导统计实践活动的科学依据。一般所说的统计学就是指统计学原理。

理论统计学是指统计学的数学原理，它根植于数学的一个领域——概率论。从广义来说，统计理论是包括概率论的。此外，统计理论还包括一些并不属于传统概率论的内容，如随机化原则的理论、各种估计的原理、假设检验的原理以及一般决策的原理，这些原理可以看成是概率论公理的扩增。

与理论统计学相对应的是应用统计学。在统计实践中常常会遇到一些新问题，使原有的统计方法不适应，此时就需要统计学家针对新问题去建立一个与实际情况相适合的统计模型，并创造新的统计方法去分析。将统计学的基本原理应用于各个领域就形成各种各样的应用统计学，它包括一整套统计分析方法，有的是适用于各个领域的一般性的统计方法，如数据收集与整理、参数估计、假设检验、方差分析、相关分析与回归分析等；有的则是某一专业领域中特有的分析方法，如经济统计学中的指数分析法、统计决策及产品质量统计管理等。近几十年来，由于统计研究的范围越来越广，一些科学实验也日趋复杂，统计方法也相应地复杂化和专门化，在应用统计方法中必须对因模型和实际情况的不一致而引起的各种误差的性质和大小做出判断，或提出改进的措施。由于统计的工具更加专门化，缺少通用性，故要求一个统计学家熟悉所有的专门工具已不可能。为了适应这种发展的需要，既熟悉统计知识又熟悉某一领域业务的应用统计学家就应运而生，同时也产生了相应的应用统计学。应用统计学的特点是不侧重于统计数学原理的推导，而侧重于统计思想的阐明，并将理论统计学的结论作为工具应用于各个具体领域。本书属于通用性的理论统计学，侧重于统计学在经济与管理领域的应用。现代统计学的一个显著特点是：计算机技术、网络技术以及信息技术在统计学中广泛应用，使统计学的内容更加丰富。通用和专业统计软件的开发和应用成为统计学工作者的一项重要任务。

数理统计学是应用数学的一个分支，在这里作为统计学的一个分支，它以概率论等数学理论为基础，研究随机现象的数量规律，是一门纯方法论学科，为其他学科提供数学分析和推断的方法与技术。该学科从 19 世纪中叶创立以后发展迅速，先后由许多统计学家建立了参数估计与假设检验理论、非参数统计理论、相关分析与回归分析理论、统计决策理论、实验设计理论等数理统计学的新分支。数理统计学又可以分为理论数理统计学和应用数理统计学，前者研究统计理论和方法的数理依据，后者研究量化分析的方法技术。

自然科学统计学是将理论统计学应用于自然现象领域，探索生物、气象、天文等非人类现象的数量关系和数量规律的统计方法论。其中，较为重要的分支有生物统计学、气象统计学、天文统计学等。

社会经济统计学是将理论统计学应用于社会经济领域，以社会、经济、人口、科技和文化等人类自身及其活动为对象的统计方法论，为针对社会经济现象数量特征进行的调查研究提供原理、原则和方式方法。人口统计学、教育统计学、司法统计学、社会保障统计学、医药与卫生统计学等属于社会统计学的重要分支；国民经济统计学、工业统计学、农业统计学、贸易统计学等属于经济统计学的重要分支。社会经济统计学是应用最广泛的应用统计学。

以上多门统计学也不是完全割裂的，相互之间存在一定的联系。理论统计学和应用统计学之间是一种相互促进、共同发展的关系。

（二）统计学与其他学科的关系

统计学与数学、哲学、社会学、经济学等其他学科均有着不同程度的联系。统计学广泛应用了数学方法；进行统计研究要遵循哲学的基本原理；对社会经济问题的数量特征进行统计分析时，必须以社会学、经济学理论为基础，统计研究的结果也丰富了社会学和经济学的内容。统计学与上述相关学科互相促进、共同发展。

1. 统计学和数学的关系

统计学与数学都是研究数量关系和数量规律的，都要与大量的数字打交道。现代统计学运用了大量的数学方法，如概率论、数理统计、模糊数学、线性代数和微积分等。因此，有人认为统计学是数学的一个分支，但这是一个误解。

统计学与数学虽然有着密切的联系，但二者存在本质的区别，这两个学科各有独立的研究领域和研究特点。

统计学和数学都有利用各种数学公式进行数字演算，但二者研究的数字是存在差别的。统计学研究的数字总是与所研究的客观对象联系在一起，统计的过程是从所研究的客观对象中抽取出其数量表现，得到有关数据。统计数据是有具体的实际含义的，它反映某一现象的质。数学所研究的数字，是抽象的数字，它并不反映现象的质。

统计学和数学都是研究数量规律的，统计学研究的是具体的实际现象的规律，它从客观实际中收集数据，进行统计处理后又将这些处理结果返回到实际中，并解释这些结果的意义。而数学研究的是抽象的数量规律，它撇开具体的对象，以最一般的研究探索数量的联系和空间的形式。

从研究方法看，统计学和数学的研究方法不尽相同，统计学根据实验或调查，观察大量的个别现象，对所观察的个别现象加以归纳，并判断总体的情况。实质上，统计学的研究方法是归纳与演绎相结合的方法，其中归纳占主要地位；而数学的研究方法主要是逻辑推理和演绎论证。

数学与统计学各自成体系，两门学科各有自己的研究对象、研究方法，但二者关系密切。数学是统计学数量分析方法论的基础，尤其是数学的概率论，其研究的是随机现象的数量关系和变化规律，它从数量方面揭示了偶然与必然、个别与一般、局部与总体之间的辩证关系，为统计学奠定了基础。

2.统计方法与其他专门学科的关系

统计方法有着广泛的实用性，其一般的数据分析方法适用于其他任何科学中的偶然现象，因此它与很多专门学科都有关系。但是统计方法是从事物的外在数量表现去推断该事物可能的规律性，它本身不能说明为何会有这个规律性。例如，用统计方法分析一些资料，得出：吸烟与某些消化道疾病有关。这是通过对比吸烟者和不吸烟者的发病率数据得出的结论，它不能解释吸烟为何会增加患这类疾病的危险性，这是医学这一专门学科的任务。所以统计方法只是一种工具，应用它进行定量分析时必须和定性分析结合起来。将统计方法应用于社会经济领域更应如此，因为社会经济现象比自然现象更复杂，而又不可能像自然现象那样在实验室进行实验，以排除其他因素。

第二节 统计数据与统计信息

一、统计数据

统计数据是统计工作活动过程中所取得的、反映国民经济和社会现象的数字资料以及与之相联系的其他资料的总称。

（一）统计数据的定义

统计数据是表示某一地理区域自然经济要素特征、规模、结构、水平等指标的数据，是定性、定位和定量统计分析的基础数据，如通常所说的统计年鉴。

（二）统计数据的表达形式

1.统计数据的表达形式有统计表和统计图两种

统计表和统计图是显示统计数据的重要工具。统计调查所获得的原始资料经过统计整理转化为系统的、科学的统计资料，这些统计资料往往通过统计表和统计图表示。

2.统计数据按表示方法分为分区统计、分级统计和定位统计

分区统计即用图形的面积或同样图形的个数来代表所在区划单元内全部同类现象的总和。

分级统计即以统计图形式按行政区划或经济区划分级，以不同颜色或疏密不等的晕线、晕点来表示现象相对指标的差异。

定位统计以统计图表形式表示某一点上的特种现象和变化规律。

3. 统计数据按统计指标分为宏观经济指标统计和行业经济指标统计

常见的宏观经济指标有国内生产总值（GDP）、消费物价指数（CPI）、生产者物质指数（PPI）、采购经理人指数（PMI）及流通中的现金。

常见的行业经济指标有煤炭行业、石油行业的景气状况分析等。

（三）统计数据的类型

从统计学的概念可以看出，统计学是一门分析数据的学科。但在现实经济生活中，由于不同的数据代表的意义不同，所以不能对所有的数据都用同一种统计方法进行分析。因此，进行统计研究时，只有区分数据的类型，才能针对不同类型的数据采用不同的分析方法。数据的类型是由数据所代表的现象决定的，要对客观现象准确地认识和把握，就必须先确定数据的量化尺度，对数据进行科学的量化。根据客观现象的不同特征，量化尺度由低级到高级、由粗略到精确，可分为定类尺度、定序尺度、定距尺度和定比尺度，从而形成定类数据、定序数据、定距数据以及定比数据。

定类数据：表现为类别，不区分顺序，是由定类尺度计量形成的。

定序数据：表现为类别，有顺序，是由定序尺度计量形成的。

定距数据：表现为数值，可进行加、减运算，是由定距尺度计量形成的。

定比数据：表现为数值，可进行加、减、乘、除运算，是由定比尺度计量形成的。

前两类数据说明的是事物的品质特征，不能用数据表示，其结果均表现为类别，也称为定性数据或品质数据；后两类数据说明的是现象的数量特征，能够用数值来表现，因此也称为定量数据或数量数据。由于定距尺度和定比尺度属于同一测度层次，所以可以把定距数据和定比数据看作同一类数据，统称为定量数据。

区分测量的层次和数据的类型是十分重要的，因为不同类型的数据须采用不同的统计方法来处理和分析。例如，对于定类数据，通常会计算各组的频数或频率，计算其众数和异众比率，进行列联表分析和检验等；对于定序数据，可以计算其中位数和四分位差，进行相关系数等非参数分析；对定距数据或定比数据还可以用更多的统计方法进行处理，如计算各种统计量、进行参数估计和检验等。

这里需要特别指出的是，适用于低层次测量数据的统计方法，也适用于较高层次的测量数据，因为后者具有前者的数学特性。例如，在描述数据的集中趋势时，对于定类数据通常是计算众数，对于定序数据通常是计算中位数，但对于定距数据和定比数据则既可以计算众数，也可以计算中位数。反之，适用于高层次测量数据的统计方法，则不能用于低层次测量数据，因为低层次测量数据不具有高层次测量数据的数学特性。例如，对于定距数据和定比数据可以计算平均数，但对于定类数据和定序数据则不能计算平均数。理解这一点，对于选择统计分析方法是十分有用的。

二、统计信息

（一）统计信息的定义

统计信息是指运用统计方法处理对人类活动产生影响的、以统计数据或资料形式表现的信息，包括认识活动的一般统计信息、专业科学研究的统计信息和统计工作的统计信息三部分。统计信息是指由企业和社会统计工作反映出来的资料和数据，包括统计原始信息、数据整理信息、数据分析信息和统计监督信息。它来源于整个人类社会活动，以反映社会发展变化为内容，借助一定的载体形式，包括数据（如数字、字母、符号）、凭证、报表、报告、图纸、规章、制度等，能用统计技术进行采集传输或存储，并被人们接受、理解，所以，统计信息是对人类参与社会活动有用的信号和消息。

（二）统计信息的特点

1. 客观性

客观性是由统计总体的特点和信息自身的性质决定的。统计与信息虽然是两个序列不同的概念，但这丝毫不影响统计信息具有客观性。统计是用来反映现象总体数量方面的，而这个统计总体无论是自然现象总体还是社会现象总体都是客观存在的。信息的存在也是客观的。统计信息生成的依据是维实思维和归纳推理的统计逻辑，因而表现为反映客观活动和以客观为推理依据的客观性特点。进一步说，统计信息的质量评价标准是以如何准确、及时地反映客观活动和剖析客观的内在关系为客观依据的。

2. 数量性

统计的数量性和信息的可度量性决定了统计信息具有数量性的特点。统计信息从形式上表现为数量特征的特点，这是由统计学研究社会、经济、自然等现象活动数量方面的一般方法论和将其运用于认识这些活动数量方面及其规律性决定的。统计信息内容的数量性使统计信息经常表现为统计数据的形式，但是统计信息绝不局限于统计数据。

3. 广泛性

统计的广泛性和信息的普遍性、无限性共同决定了统计信息具有广泛性的特点。人类和自然活动的各个方面都有统计信息的形成、流动及应用。

4. 统一性

在统计认识手段产生和发展的过程中，社会标准统一性成为人类追逐的目标和发展方向，这是由统计是以研究社会经济现象总体为出发点决定的。因而统计信息在形态等方面表现为较好的社会统一性。首先是统计指标计算和处理方法的统一性。统计报表所规定的基本统计指标对任何企业都是相同的，而不管其从事何种经营活动，这些基本统计指标按统一的方法进行计算。其次是统计信息处理系统的每一级别上的信息处理过程都是统一的。统计信息处理系统的一切级别都是相互联系的，并构成了严整的数据处理系统。其中，每一级都采用较高一级的分组标志进行统计指标的合并。如果统计指标口径、范围不统一，统计信息处理系统就无法加工和处理，那么也就无法识别统计总体的特征。最后就是统计信息具有严格规定的处理期限。

5. 多层次性

信息的衍生性和统计方法的多样性，决定了统计信息的多层次性：首先是统计信息加工的多层次性。统计信息按其认识社会、经济、自然和实践等活动内容整体来说，有直接反映这些活动数量方面的统计信息，还有在反映和描述基础上加工的统计信息。其次是统计信息利用的多样性。它用来分析和检验统计数据的动态数列的组成部分。应该明确，统计信息作为一个整体集合，是多层次的，但是就某一具体的统计信息而言，它的内容所指又是专一的。因此，统计信息的这种多层次性应保持良好的整体链接。

6. 共享性

统计信息作为一种具有使用价值和价值形态的社会资源，它和一般的实物产品不同。实物产品卖出去，它的使用价值随之消失，统计信息不因一次使用而消失的特性为统计信息的全社会共享提供了可能。从时间上看，统计信息可以多次使用开发；从空间上看，同一统计信息可供多方使用。

7. 不完全性

统计信息不可能反映客观事物的全部内容，因为统计方法不同、处理方式不一以及时间上的偏差，总会造成信息丢失。从调查方法来看，理论上用全面调查方法采集统计信息时不应该出现不完全性，但实际上，有时由于谎报和篡改以及登记性误差等原因，信息的不完全性也可能出现。在非全面调查中，信息往往是不完全的。

（三）统计信息的分类

1. 按统计信息的来源，可将其分为原始信息和派生信息。

所谓原始信息，并不是指自然信息（即自然存在物发出的信息），因为它不是统计信息，而是基层单位原始记录所记载的信息。原始信息是全面、真实的统计信息，是统计信息的基础。原始信息经过加工、处理、提炼所生成的信息称为派生信息。

2. 按统计信息反映的内容，可将其分为微观信息和宏观信息。

微观统计信息是指社会经济活动基层单位统计部门所创造出来的统计信息。它们分别反映各个社会活动细胞（即基层组织的各种社会经济活动）的数量特征。例如，工业企业和建筑业企业的生产经营活动诸方面的统计信息就是由这些企业的统计部门收集整理的，是微观统计信息，它们既是企业经营决策的重要依据，也是生成宏观统计信息的基础。与此类似，乡村、商业单位、运输单位、服务单位、储蓄所和分理处等各种社会经济活动基层单位的统计信息也是微观信息，它们是国家统计信息的重要信息源。

宏观统计信息表现为各经济部门或国民经济行业的统计信息、地区综合统计信息和国家综合统计信息。国家综合统计信息是在社会再生产条件和再生产过程的基础上，通过新国民经济核算体系、预警监测统计、周期动态统计、快报统计和意向的预期统计产生的，它是国民经济计划管理和宏观调控的重要依据。

3. 按萃取方式，可将其分为常规性信息、偶然性信息和正式渠道获取的信息、非正式渠道获取的信息

常规性信息是指反映经济活动正常情况，按照一定程序以经常、不间断的形式进行收集和处理的信息；偶然性信息是指反映经济活动中特殊的、突发的偶然事件，不能按常规处理，而是要进行特殊、紧急处理的信息；正式渠道获取的信息是指按照制度规定的渠道获得的信息；非正式渠道获取的信息是指从正式渠道以外其他多种途径获取的信息。

4. 按照统计信息的使用者和提供者可将其分为政府统计信息、企业统计信息和社会个人统计信息。

5. 按照反映经济活动的时空性质可将其分为与过去有关的信息和与未来有关的信息。

（四）统计信息的作用

1. 统计信息在企业经营决策中的作用

随着社会主义市场经济的发展，市场规模不断扩大，市场竞争越来越激烈，企业经营决策越来越依赖统计信息，统计信息对企业发展和经营中的胜败发挥着关键作用。从企业内部生产过程来说，统计信息是指挥生产和反馈生产过程的重要手段。例如，原材料库存、在产品、半成品、产成品等方面的统计信息，就反映了生产过程的数量特征，由此成为我们分析生产过程正常与否的重要依据；生产计划是依生产工序严密制订的，其依据也是生产过程中的统计信息；在实际生产中，即使生产计划初始制订得很严密，由于复杂的现实生产过程，也会经常发生工序之间以及车间之间的生产不协调，及时采取措施是生产调度的主要内容，然而生产调度的依据主要来自生产过程中及时反馈的统计信息。从企业外部来说，众多方面的统计信息也是企业经营胜败的关键。例如，产品销售的信息，包括本企业的产品销售信息、同类企业的产品销售信息、市场份额在空间分布上的统计信息等；从市场信息来说，统计信息的内容更为广泛，如用户对该企业产品发展的信息、需求变动的主要影响因素等。消费品市场、生产资料市场、资金市场、证券市场、劳动力市场、技术市场、房地产市场和信息技术市场等与企业生产过程有关的统计信息也对企业经营决策起着关键作用。

2.统计信息的市场信号显示作用

反对垄断、保护市场平等竞争，是提高社会经济效率的重要方面。保护市场平等竞争的根本途径是增加市场透明度，也就是建立完善的市场统计信息系统。在全面、准确和及时的市场统计信息（如市场份额信息、商品供需信息、市场价格信息、商品质量信息、企业和产品发展的信息等）下，企业只能凭借自身实力与同类产品企业竞争，使企业产品成本在竞争中下降，产品质量则在竞争中提高。市场统计信息不仅是企业经营决策的重要依据，也是宏观经济调控的重要依据。因此，也可以说统计信息发挥着市场信号显示作用。

3.统计信息在宏观经济管理中的重要作用

统计信息在行业和地区管理决策中的作用。行业和地区管理是国民经济管理的重要组成部分，国民经济行业和地区统计核算是新国民经济核算体系的重要组成部分。从国民经济行业和地区管理来看，统计信息的作用主要表现在：第一，加强国民经济行业和地区的统计核算，发挥统计信息在国民经济行业和地区规划制订中的决定作用；第二，发挥统计信息在行业和地区调控与管理方面的作用；第三，加强行业和地区发展的意向调查，发挥统计信息在监测国民经济行业和地区发展决策中的重要作用；第四，加强典型企业的统计信息在行业和地区发展决策中的作用。

统计信息在国民经济管理决策中的作用。统计信息已成为国民经济管理决策的重要依据，部分统计信息已成为决策或咨询的重要参考，主要表现在：第一，国民经济统计信息成为宏观经济决策和调控的重要依据；第二，加强投入产出统计，发挥统计信息在国民经济综合平衡中的重要作用；第三，加强快报统计，提高统计信息在宏观经济调控中的咨询决策作用；第四，加强统计的预警监测，发挥统计信息在宏观经济形势判别和宏观经济运行决策中的重要作用。

第三节　统计学中几组基本概念

一、总体与总体单位

（一）总体

所谓总体，是指客观存在的、具有同一性质的许多个别事物构成的整体，也称统计总体。例如，要研究我国工业企业的生产经营情况，就应把我国所有工业企业组成的整体作为一个总体。这个总体包括许多工业企业，且每一个工业企业至少在经济职能方面是相同的，即它们都从事工业生产经营活动。

因此，总体必须同时具有三个特征：同质性、大量性和差异性。

1. 同质性

总体的同质性是指构成总体的各个单位具有某种共同性质。同质性将总体各单位结合起来构成了总体的基础。例如，某地区商业企业作为总体，则每个总体单位都必须具有从事商业生产经营活动的企业特征，不具备这些特征的就不能称为商业企业。如果违反同质性，把不同性质的单位结合在一起，那么对这样的总体进行统计研究，不仅没有实际意义，甚至会产生虚假和歪曲的分析结论。

2. 大量性

大量性是大数法则的要求。统计学特有的研究方法是大量观察法，根据大数法则的思想，要想探寻出总体的数量规律和数量特征，组成总体的总体单位的数量应该充分多，仅仅由个别单位或少量单位不足以显示出总体数量的规律性。因为个别单位的数量表现可以是各种各样的，只对少量单位进行观察，其结果难以反映总体的一般特征。统计研究的大量观察法表明，只有观察足够多的量，在对大量现象的综合汇总过程中，才能消除偶然因素，使大量社会经济现象的总体呈现出相对稳定的规律和特征，这就要求总体必须包含足够多的单位。当然大量性是一个相对的概念，它与统计研究的目的、客观现象的规模以及总体各单位之间的差异程度等都有关系。

3. 差异性

总体各个单位除了具有某种共同的性质以外，在其他方面则各有不同，具有质的差别和量的差别，这种差别又称为变异。正因为差异是普遍存在的，才有必要进行统计研究，差异性是统计的前提条件。总体中各个单位之间具有差异性的特点，是各种因素错综复杂作用的结果，所以有必要采用统计方法加以研究，以描述总体的数量特征。

按照总体中所包含的个别事物是否可以计数，将总体分为有限总体和无限总体。有限总体包含的个体单位数是有限的、可以计数的；反之，就是无限总体。社会经济统计学研究的总体就是有限总体，而自然科学统计学研究的总体是无限总体。

（二）总体单位

总体单位就是构成总体的每一个事物，如我国工业企业总体中的每一个工业企业。当然，根据研究目的的不同，总体单位可以是组织，可以是人，还可以是事物或者事件等。

总体和总体单位之间是整体与个体的关系。二者地位的划分并非固定不变，而是随着研究目的的改变而改变。例如，当研究我国工业企业的生产经营情况时，我国所有工业企业构成的这个整体便是统计研究的总体，而每一个工业企业就是总体单位；当研究目的改为研究某个特定工业企业的职工收入状况时，这个工业企业就是统计研究的总体，而总体单位就是企业内部的每一名职工。

二、标志与统计指标

（一）标志

1. 标志的概念

标志是指表明总体单位特征或属性的名称。总体单位是标志的承担者，标志是依附总体单位而存在的。每个总体单位都有许多标志，每个标志都是从某一特定方面表明总体单位的特征或属性的。例如，某班级学生构成一个统计总体，每个学生是这个总体的总体单位，凡是反映学生的各种特征的名称（如性别、年龄、籍贯、身高、体重、学习成绩等）都称为总体单位的标志。又如，全部企业总体中，每个企业的经济类型、隶属关系、生产规模、职工人数、总产值、净利润、生产能力等都是标志。

2. 标志表现

标志表现是指标志在各总体单位中的具体表现。标志表现分为品质标志表现和数量标志表现。例如，性别是品质标志，其特征只能用文字来表现，表现为男或女，所以男或女是品质标志表现；教师职称是品质标志，其特征表现为教授、副教授、讲师、助教等，教授、副教授、讲师、助教都是品质标志表现；年龄是数量标志，具体表现为19岁、20岁、21岁等；学习成绩是数量标志，具体表现为60分、80分、90分等。所以，年龄和学习成绩都是数量标志表现。数量标志表现是可以用数值来表现的，故又称为标志值。

3. 标志的种类

标志按性质可分为品质标志和数量标志。品质标志是指表示总体单位品质特征名称的标志，其标志表现无法量化，不能用数值表示，而只能用文字描述，用以说明事物质的规定性。例如，教师职称、学历、民族等，它们的具体表现分别是教授、副教授、讲师、助教；博士、硕士、本科、大专、中专等；汉族、回族、壮族、维吾尔族等。数量标志是指表示总体单位数量特征名称的标志，其标志表现能够量化，只能用数字而不能用文字形式来说明事物量的规定性。例如，年龄、工资、职工人数、总产值、利润、劳动生产率等。数量标志表现的具体数值称为标志值。因此，判断某个标志是品质标志还是数量标志的一个显著特征就是其标志表现：凡是以文字表现的标志就是品质标志；凡是以数字表现的标志就是数量标志。

标志按变异情况可分为不变标志和可变标志。不变标志是指所有的总体单位共同具有的特征。例如，在全体女教师总体中，每一位女教师是总体单位，性别是反映总体单位特征的标志，它在女教师总体中不发生变化，即大家都是女性，此时，性别这个标志就是不变标志。可变标志是指在总体各单位之间存在差异的标志。在全体女教师总体中，姓名、身高、体重、工龄、年龄等标志在每位女教师之间都存在差异，所以它们都是可变标志。不论是数量标志还是品质标志都有可能是可变标志。不变标志的存在保证了被统计总体的同质性，是构成总体的必要条件和确定总体范围的标准。可变标志的存在保证了总体的差异性，是进行统计研究的兴趣和目的所在。

（二）统计指标

1. 统计指标的含义

关于统计指标的含义，一般有两种理解和使用方法。

第一种统计指标是指反映总体数量特征的概念。例如，国内生产总值、财政收入、财政支出、社会商品零售总额、人口数、劳动生产率等。这一理解用于统计理论和统计设计工作，是统计指标的设计形态。按照这种理解，统计指标包括指标名称、计量单位和计算方法三个构成要素。

第二种统计指标是指反映总体数量特征的概念和具体数值。与前者不同的是，这种统计指标的含义中包括了指标数值。按照这种理解，统计指标除包括上述三个要素外，还包括时间限制、空间限制、指标数值，这种含义的统计指标是统计实际工作使用的。在实际工作中，仅仅知道指标名称、计量单位和计算方法是不够的，没有具体的指标数值就无法准确、全面地反映社会经济现象的数量特征，从而也就无法达到统计研究的目的。

以上两种理解方法都是成立的、合理的。它们分别在不同的场合中使用。一般认为，第二种理解方法更全面，更适合应用。

2. 统计指标的特点

数量性。统计指标反映的是总体的数量特征，所有的统计指标都能用而且必须用数值来表现，不能用数值表现的就不能成为统计指标。对于有些无法用数量描述的现象（如政治思想觉悟、艺术价值、工作热情等），是不能用统计指标来反映的。

综合性。统计指标是用一个综合的数字来表明总体特征的，它是大量同质总体单位的数量综合的结果。例如，一个学生的身高不叫统计指标，全校学生的平均身高才是统计指标。

具体性。统计指标是总体在一定时间、地点、条件下的数量特征的具体表现，并不是抽象的概念和数字。

3. 统计指标的种类

对统计指标可以从不同的角度，进行各种各样的分类，但主要的分类有以下几种：

（1）统计指标按其说明总体特征的性质，可分为数量指标和质量指标

数量指标是指表明现象总体的总规模、总水平或工作总量的统计指标。数量指标反映的是总体的绝对量，其指标数值一般表现为绝对数，具有实物或货币计量单位。例如，企业总数、人口总数、粮食总产量、国内生产总值、工资总额、利润总额、商品销售总额等

都是数量指标。数量指标的数值大小随总体范围的大小而增减变动，其主要作用是用来反映客观现象的规模和水平，以表明事物的广度。质量指标是指表明总体内部数量关系或相对水平及其工作质量或效益的统计指标。其指标数值一般用相对数或平均数表示，计量单位可以是无名数，也可以是有名数。例如，人口密度、出生率、单位产品成本、产品的合格率、企业的劳动生产率、资金利税率、设备利用率、人均国民收入等。在统计工作中，质量指标的数值大小与总体范围大小没有直接的关系，其主要作用是反映客观现象的属性，表明事物的深度。

（2）统计指标按表现形式，可分为总量指标、相对指标和平均指标

总量指标又称绝对数，是反映总体规模和总水平的统计指标，用来说明总体的广度、发展结果、工作成果等，如人口总量、国内生产总值、总投资额、总消费额等。相对指标又称相对数，是两个有联系的统计指标相比的比率，用来说明总体内部的结构、发展变化程度、比例、强度、密度等，如人口密度、经济增长率等。平均指标又称平均数，是反映总体各单位某一数量标志一般水平的统计指标，如单位产品成本、商品平均销售价格、职工的平均工资、平均年龄等。

三个统计指标中，总量指标是基本指标，相对指标和平均指标是总量指标的派生指标。

（3）统计指标按指标功能的不同，可分为描述指标、评价指标和预警指标

描述指标是用于反映社会经济现象的现状、活动过程和结果的统计指标。例如，反映社会经济条件的指标：耕地面积、劳动力资源拥有量、矿产资源储量、人口总数、自然资源拥有量等；反映生产经营过程和结果的指标：国内生产总值、财政收入与支出、固定资产投资额、社会商品零售额、国际收支额等；反映社会物质文化生活情况的指标：居民平均收入与支出、居民文化程度、居民文化娱乐设施等。这类统计指标是统计信息的主体，为人们认识社会经济情况提供基本依据。评价指标是对社会经济活动的结果进行比较、评估、考核，以说明其工作质量和经济效益的统计指标。例如，销售利润率、流动比率、存货周转率、股票市盈率、净资产收益率等，都是评价上市公司经营业绩的统计指标。又如，社会劳动生产率、国内生产总值增长率、社会积累率、社会消费率、投资使用率等，都是评价国民经济活动的统计指标。评价指标通常要和同类统计指标的历史数据、计划数据、国际数据对比。预警指标是用于监测宏观社会经济运行，并通过数值的变化向人们发出警报的统计指标。例如，经济增长率、就业与失业率、通货膨胀率、物价指数、汇率等统计指标可以对经济增长、就业与失业、通货膨胀、物价水平、国际收支等宏观经济活动进行监测，并做出预警。

4.标志与统计指标的关系

标志与统计指标既有明显的区别，又有密切的联系，二者的主要区别有：①说明对象范围不同。标志是用来说明总体单位特征的，而统计指标是用来说明总体特征的。例如，

以全国所有的工业企业为总体，每一个工业企业（个体）的职工人数、设备台数、工业产值、占地面积等均为标志，而全国所有的工业企业的职工总人数、设备总台数、工业总产值、总占地面积等是统计指标。②具体表现形式不同。标志既可以用数值表示也可以用文字表示，而统计指标只能用数值表示。例如，全校学生总体中每一个学生的性别标志表现为男性或女性，年龄标志表现为 16 岁、17 岁、18 岁、19 岁等，而全校学生的总人数、平均年龄等指标必须用数值表示。

标志与统计指标也有联系：①具有对应关系，即标志和统计指标的名称往往相同。例如，以某市工业企业作为总体，则每一个工业企业的工业总产值是标志，全市工业总产值是统计指标。在这里，标志和统计指标的名称都是工业总产值。②具有汇总关系，即指标数值是由总体各单位的数量标志值直接汇总而来的。例如，上例中的全市工业总产值就是由该市每一个工业企业的工业总产值相加汇总得到的。③具有转换关系，即根据不同的研究目的，标志和统计指标可以相互转换。总体和总体单位具有相对性，可以相互转换，当原来的总体变成总体单位后，相对应地，反映总体数量特征的统计指标就变成了反映总体单位特征的标志；反之亦然。

（三）统计指标体系

1. 统计指标体系的概念

若干个相互有联系的统计指标所组成的整体叫作统计指标体系。社会经济现象本身的联系是多种多样的，所以，统计指标之间的联系也是多种多样的。例如，一个工业企业是人力、物力、财力、生产、供应和销售等相互联系的整体。用一系列统计指标来反映和研究工业企业的全面情况，就组成了工业企业的统计指标体系。又如，商品的销售额等于商品价格与其销售量的乘积、粮食总产量等于亩产量与播种面积的乘积等。

统计指标体系比统计指标更为重要。这是因为任何社会经济总体都是一个相互联系的有机整体。这种社会经济现象的相互联系是产生统计指标体系的客观基础，同时也提出了使用统计指标体系的要求。单个统计指标仅能反映社会经济总体及其运动的一个侧面，要想全面地反映和研究社会经济的总体情况，须使用由相互联系的各种统计指标组成的指标体系，只有这样才能避免片面性，从而获得全面的情况。

2. 统计指标体系的种类

统计指标体系可以分为两大类，即基本统计指标体系和专题统计指标体系。

反映国民经济社会发展及其各个组成部分的基本情况的统计指标体系叫作基本统计指标体系。它通常分为三层：最高层、中间层和基层。最高层是反映整个国民经济和社会发展的统计指标体系，如经济统计指标体系、社会统计指标体系、科技统计指标体系等；中间层是指各地区和各部门的统计指标体系，如工业统计指标体系、地区综合评价指标体系等，它是最高层统计指标体系的纵向和横向的分支；基层统计指标体系是指各种企事业单位的统计指标体系，它是整个统计工作的基础。

为研究某一经济问题或社会问题而专门制定的具有针对性的统计指标体系，叫作专题统计指标体系，如经济效益指标体系、能源问题研究指标体系等。

三、变异与变量

（一）变异

变异是指各总体单位之间标志表现的差异，或者说标志在总体单位之间的不同的具体表现。变异可分为品质变异和数量变异。品质变异是品质标志在总体单位上表现出来的差异，表明质的差别，又称为可变的品质标志；数量变异是数量标志在总体单位上表现出来的差异，表明量的差别，也称为可变的数量标志。变异的普遍存在使物质世界千差万别、丰富多彩。变异是统计研究的基础和条件，有变异才有必要进行统计。如果各总体单位的各种标志表现都没有差异，那么就没有统计的必要，也无须用统计方法测算它们的数量特征。

（二）变量和变量值

在数量标志中，不变的数量标志称为常量或参数；可变的数量标志称为变量。例如，在工业普查中，工业企业的职工人数、工资总额、资金总额、工业总产值、利润总额等；在人口普查中，每个人的年龄、身高、体重等，这些都是变量。变量的具体数值称为变量值，亦称标志值。例如，职工人数为 6 987 人，则"职工人数"为变量，其数值"6 987"为变量值。

在这里，需要注意区分清楚变量、变量值和变量个数这三个概念，以免误用。变量是名称；变量值是变量的具体表现，即具体取值；变量个数是指数量标志的个数。例如，一个企业的"职工总人数"是个变量，职工总人数期初 1 000 人、期末 1 120 人，是"职工总人数"这一变量的两个变量值。又如，在计算 100 个教师的平均工资水平时，工资是变量，每个教师的工资水平是变量值，100 是变量个数，所以 100 个教师的平均工资水平可以说是 100 个变量值的平均，但不能说是 100 个变量的平均。

（三）变量的分类

1. 按变量取值是否连续，可将其分为连续型变量和离散型变量

连续型变量是指变量取值是连续不断的，两个相邻数值之间可以被无限分割，可取无限数值，一般表现为小数点后的任意数，即取整数或小数都有其经济含义。例如，企业的

产值、利润，每个人的身高、体重等。连续型变量的取值一般采用测量或度量的方法。

离散型变量是指变量取值是间断的，两个相邻的变量之间没有小数，其数值只能以整数形式表示。当取小数时，变量就失去了经济含义。例如，某地区的人口数、公司员工数、企业数、学校数、商店数等。

2. 按性质不同，可将其分为确定性变量和随机变量

确定性变量是指影响变量取值的变动有某种决定性作用的因素，该因素致使变量取值沿着一定方向呈规律性的变动。例如，随着科技的进步和生产力的发展，国家的经济增长率不断提高，尽管有时也会发生暂时的波动，但总趋势必定是上升的。在这里，经济增长率就是确定性变量。又如，在单位亩产量一定的条件下，粮食总产量随播种面积的大小而变化，变化关系是确定的，因此粮食总产量是确定性变量。由于确定性变量的取值呈现规律性变化，又有决定性因素（变量），且人们可以通过控制决定性因素来达到调节变量取值的目的，所以确定性变量的可控制性好，因而成为社会经济的基本统计指标。通过对这类变量取值的规律性进行分析，不但可以了解和认识过去的社会经济现象特征，而且可以预测未来的发展趋势。因此，确定性变量是进行统计推断和统计预测的主要依据。

随机变量是指影响变量取值的因素很多，变量取值没有一个确定方向，带有偶然性。例如，影响某种工业产品质量波动的因素很多，包括温度、电压、原料品质、工人操作、设备性能等，每个产品的质量数据不会绝对相同，它们与产品质量必然有一定误差。在这里，产品质量数据就是一个随机变量。由于随机变量的偶然性太强，可控制性较差，调查结果不能直接用来说明总体，需要采用科学、合理的方法和手段来计算、分析综合指标以推断总体数量特征。所以，随机变量一般不作为社会经济的基本统计指标。

第四节　统计管理体制及统计法治建设

一、统计管理体制

统计管理体制是指国家组织管理政府统计工作的体系和制度，表现为国家对政府统计组织与管理结构中各层次、各部分之间的隶属关系、职责范围、管理方式等一系列问题的制度化和法律化的规定。

统计管理体制是统计工作中一项带有根本意义的基础性制度，它决定着一个国家统计资源的投入方式、统计活动的产出质量以及统计工作的总体效益，从根本上决定着整个国家统计工作建设和发展的水平。因此，各国都十分注意结合本国国情，力求与本国的行政和经济管理体制相适应，从而形成比较切合实际的、各具特点的统计管理体制，以保证统

计信息、统计咨询、统计监督职能的有效发挥。

（一）统计管理体制的类型

1.从横向观察中央政府各部门之间的统计功能关系，可将其分为集中型统计管理体制和分散型统计管理体制。

集中型统计管理体制是指国家设有专门的统计领导机关，如国家统计局或中央统计局，负责统一领导、协调全国的统计工作，并主管重大的国情国力数据调查；国家统计局或中央统计局领导的政府综合统计系统负责完成统计信息、统计咨询、统计监督三项基本职能。

分散型统计管理体制是指国家不设立专门的统计领导机关，各种数据调查分别由政府各业务主管部门的统计机构组织实施；国家另设统计协调机关（如国家统计协调委员会、统计方法委员会等）来负责全国统计政策、制度、方法、标准的协调管理；统计信息、统计咨询、统计监督三项职能被分散到政府各业务主管部门的统计机构。

2.从纵向观察中央政府与地方政府的统计关系，可将其分为高度集中、垂直领导型；统一领导、分级管理型；彼此独立、相互协作型。

高度集中、垂直领导型的特点是：从中央到地方各级统计机构，不论在业务上还是在行政上都实行垂直领导，地方统计机构按中央统计机构统一制订的计划来收集和上报统计资料，同时系统整理反映本地区经济社会发展状况的资料，提供给地方政府领导，并定期发表。

统一领导、分级管理型的特点是：中央统计机构对地方各级统计机构在业务上实行统一领导，统一下达数据调查任务，实行统一分类标准、计算方法和上报期限；地方统计机构同时又是地方政府的组成部分，在行政上受地方政府领导，在保证完成中央统计任务的同时，执行地方政府交给的各项任务，满足地方政府对统计信息的所有需求。

彼此独立、相互协作型的特点是：中央统计机构在中央政府的领导下按照国家需求，制订统计的数据调查计划和调查方案，通过地方统计机构收集统计资料；地方统计机构完全根据地方政府工作需求制订统计工作计划，组织必要的数据调查工作；中央统计机构和地方统计机构在组织上是互相独立的，在工作上是有条件地互相协作的；地方统计机构可以根据协议为中央统计机构完成一定的数据调查任务，或从中央统计机构得到某些有用的统计资料。

（二）我国现行统计管理体制

想要把国家统计系统建设成为社会经济信息的主体、国民经济核算的中心以及国家的咨询和监督系统，就应该加强对统计工作的领导，设置强有力的统计组织，建立适合我国国民经济的统计体系。

国家统计组织必须贯彻集中统一原则，在全国范围内建立集中统一的系统，实行统一领导、分级负责的统计管理体制，执行统一的方针政策和数据调查计划，贯彻执行统一的统计制度和统计标准，使用统一的统计报表和数据管理制度，以及协调统计制度、会计制度、业务核算制度和核算标准及分工等。

我国集中统一的统计系统由各级政府部门的综合统计系统、各级业务部门的专业统计系统以及乡镇基层单位的统计组织组成。

1. 综合统计系统

各级政府部门的综合统计系统由国家统计局和地方各级政府统计机构组成，是国家统计组织的主系统。国家统计局负责组织、领导全国各级和各部门统计机构开展统计工作，并承担全国性的基本统计任务。各级地方统计机构，包括省级统计局、省级辖地市统计局以及县级统计局受各级地方政府和上级统计机构的双重领导，在统计业务上以上级统计机构的领导为主。各级统计机构负责组织本地区的统计工作。

国家综合统计系统还根据统计业务开展的需要，以统计局系统为主体，设置了各种子系统。例如，城乡抽样调查队系统，国家统计局设抽样调查总队，省级设省级调查总队，抽样县设县调查队等。专业普查系统方面，中央成立国家普查领导机构，地方分设省级、县级普查领导机构等，形成多种交叉的统计信息网络。

2. 专业统计系统

我国的专业统计系统是由中央及地方各级业务部门的统计机构组成的。国务院各业务部门设统计局或统计处，各省级和县级的业务部门根据工作需要设置相应的统计机构，各级业务部门统计机构在业务上受国家统计局或省级地方人民政府统计机构的指导，组织、执行本部门的各项统计任务。

3. 乡镇基层单位的统计组织

乡镇基层单位的统计组织包括乡镇统计组织或统计人员和企事业单位的统计组织或统计人员。乡和镇都是国家的行政组织，需要建设统计机构或配备统计人员，并且需要建立乡镇统计信息网络。乡镇统计机构和乡镇信息网络在统计业务上受县人民政府统计机构的领导。乡镇以下的行政村统计工作，则由村民委员会指定专人负责，他们在统计业务上受乡镇统计人员的领导。企业事业组织根据统计任务的需要，设立统计机构或统计人员。企业事业组织的统计机构或统计负责人的统计业务受所在地人民政府统计机构的指导，负责执行本单位的各项统计任务。

二、统计法规制度

统计的基础职能要求所提供的反映社会经济各个方面的数据资料既准确又及时。而统计数据的来源多种多样，有些会涉及各单位和个人的利益。如果没有相应的法律制度来规定统计人员和被调查的当事人员的有关义务和权利，并切实加以遵守和执行，那么统计的职能便没有保证，统计数据的准确性和及时性便无法实现。

统计法规制度包括统计法规与统计制度两个方面。统计法规就是将统计工作的性质任务、管理体制、机构设置和有关当事人的职责、权利、义务和奖惩等事项，用法律形式加以确定。这对于强化社会主义统计建设、保障统计人员的职责权利、促进社会主义现代化建设，都具有重要的意义。

《统计法》于 20 世纪 80 年代初颁布；1996 年、2009 年两次修订；1987 年 1 月 19 日国务院批准、1987 年 2 月 15 日国家统计局公布，2000 年 6 月 2 日国务院批准修订、2000 年 6 月 15 日国家统计局公布，2005 年 12 月 16 日国务院修订，2017 年废止的《中华人民共和国统计法实施细则》以及 2017 年由国务院公布实施的《中华人民共和国统计法实施条例》对我国统计法的基本内容做了具体的规定。这些法规制度使我国统计工作走上了法治轨道，是加强我国统计工作，促进统计工作现代化的一项重要措施。制定《统计法》是为了有效、科学地组织统计工作，保障统计资料的准确性和及时性，发挥统计在社会主义现代化建设中的服务和监督作用，为统计工作提供法律保证。

（一）《统计法》提供了统计活动的准则

《统计法》明确规定了国家统计的作用、任务、组织和职能以及参与统计活动当事人各方面的权利和义务，使大家明白自己在国家的数据调查中应该做什么，不应该做什么，什么是合法的，什么是不合法的，以便统计工作有法可依。

（二）《统计法》

将统计机构的正常工作制度用法律进行规范，规定应负的法律责任和惩处办法，使统计工作有法可依，可以有效打击统计工作中出现的违法犯罪行为。这对于掌握国民经济和社会发展的真实情况、充分发挥统计的服务和监督作用是十分必要的。

各级领导干部和统计人员应该认真执行《统计法》，全体公民应该自觉遵守《统计法》，做到有法可依、有法必依、执法必严、违法必究，开创统计工作的新局面。

第二章　数据特征

第一节　总量指标

一、总量指标的概述

（一）总量指标的概念

总量指标是反映社会经济现象在一定时间、地点、条件下的总规模或总水平的统计指标。总量指标的数学表现形式为绝对数，因此也称为绝对数指标。总量指标的绝对数与数学中的绝对数不同，它是一个带有计量单位的有名数，而不是抽象的数。统计数据都包含了明确的计量单位、统计时间、主体范围及核算方法等，并不是一个简单抽象的数字。

总量指标也可表现为不同时间、不同空间条件下客观现象总体总量之间的绝对差额，如绝对增长量或减少量、商品进出口差额等。当它作为增长量出现时，数值为正；当它作为减少量出现时，数值为负。

（二）总量指标的特点

1. 总量指标数值的表现形式是绝对数

总量指标是对数据调查得来的原始资料经过分组和汇总而得到的各项总计数字，是带有明确计量单位的，隐含了相应统计时间、主体范围及计算方法等。

2. 总量指标数值的大小会随着总体范围的大小而增减

总量指标是汇总数据整理的直接成果。对同种总量指标，其值的大小受总体范围大小的制约。一般来说，总体范围越大，指标值越大；总体范围越小，指标值越小。如全国GDP 比一个省的地区 GDP 大；企业一年的生产量往往也会比一个月的生产量多。

3. 只能对有限总体精确计算总量指标

只能对有限总体精确计算总量指标，因为无限总体的单位数未知，无法汇总得到反映

其总体规模和总水平的总量指标，但无限总体的总量指标可以用抽样等方法来进行推算或估计。

（三）总量指标的作用

总量指标是社会经济统计工作中最常用和最基本的统计指标，在实际统计工作中应用十分广泛，可以用来反映一个国家、地区、部门或单位的基本情况。

1. 总量指标是认识事物的起点

总量指标能反映一国国情国力，反映某地区、部门或单位的规模、水平、基本经济情况和经济实力等。例如，一个国家的粮食总产量、外汇储备、土地面积、石油储量等总量指标，标志着该国的生产水平和经济实力；一个地区的商品零售额、零售商业机构数等标志着该地区的消费水平。

2. 总量指标是制定政策、编制计划、进行经济管理的重要依据

无论是国家进行宏观管理还是企业进行经济核算都必须从客观实际出发，把反映客观事物现状和历史的相关总量指标作为重要的参考依据。例如，国家在制定宏观经济政策、编制国民经济计划时都必须运用总量指标；企业在分析经济效益时离不开收入、成本、利税总额等总量指标。因为一个国家、地区、部门或单位，制定政策、编制计划、进行经济管理的根本目的是取得最佳的社会经济效益。要想取得最佳的社会经济效益，就必须使它的人、财、物得到最佳利用，这样就必须先知道人、财、物有多少，利用了多少，还有多大潜力等这些总量指标，否则就不可能做到人、财、物的最佳利用，也不可能取得最佳的社会经济效益。

3. 总量指标是计算相对指标和平均指标的基础

相对指标和平均指标一般是由两个有联系的总量指标对比计算而来的，是总量指标的派生指标。例如，人口密度指标是用人口数与土地面积对比求得的；平均工资指标是工资总额与职工人数对比求得的。因此，总量指标是计算其他综合指标的基础性指标。总量指标的计算是否科学、精确、合理，会直接影响其他派生指标（相对指标和平均指标）的正确性。

（四）总量指标的种类

1. 总量指标按反映总体内容的不同，可分为总体单位总量指标和总体标志总量指标

总体单位总量指标简称单位总量指标，是指总体所包含的单位数，是反映总体自身规模大小的总量指标。

总体标志总量指标简称标志总量指标，是反映总体中各单位某一数量指标值总和的总量指标。例如，在某地工业企业基本情况调查中，该地工业企业总数是单位总量指标；该

地工业企业的职工人数、机器设备台数、总产值、利税总额等是标志总量指标。

单位总量指标和标志总量指标的确定并不是一成不变的。判断一个总量指标究竟是单位总量指标还是标志总量指标，首先须确定谁是总体，谁是总体单位。在研究对象和研究目的发生变化时，要根据总体和总体单位的改变而进行有针对性的变动。例如，在上例工业企业调查中，如果研究目的具体到对该地工业企业的职工进行基本情况调查，由于总体不再是该地的工业企业，而是该地工业企业的所有职工，所以该地工业企业职工的总数（人数）就相应地成为单位总量指标；职工的收入总额、职工的工种数、职工的工作小时数等指标就成为标志总量指标。

2. 总量按反映时间状态的不同，分为时期指标和时点指标

时期指标是反映现象总体在一个时期内发展变化累计起来的总结果的总量指标，如一定时期内出现的人数、产量、产值、增加值、商品销售量、商品销售额等。

时点指标是反映现象在某一时刻（瞬间）的数量状况的总量指标，如人口数、企业数、设备台数、商品库存量等。

时期指标和时点指标都是总量指标，这是它们的共同点。它们的区别主要在于：①时期指标的数值是通过连续登记取得的，它表示现象在一定时期内发生的总量。例如，某产品 4 月的总产量是把 4 月 1 日至 30 日每天的产量加总得到的总产量；而时点指标的数值是不能连续计数的，只能在某一时刻登记得到，它表示现象发展到某一点时所处的水平。例如，年末职工人数是年初职工人数经过一年的增减变动后，到年末（当年 12 月 31 日）的实有职工人数。②时期指标具有累加性，即几个较短时期的时期指标数值可以相加得到该指标在相应调查时间内发生的总量，如几年的总产量是各月总产量之和；而时点指标不具有累加性，各时点指标值相加是没有实际经济意义的。③一般来说，同一总体的时期指标数值的大小与时期的长短有直接关系，而时点指标数值的大小与时点的间隔长短没有直接关系。因此，在运用时期指标时应明确指标数值所属的时期长度，运用时点指标时则要注意具体的时点。

二、总量指标的计量单位

总量指标的计量单位主要有实物单位、货币单位和劳动单位。

（一）实物单位

实物单位是直接根据事物的属性和特点而采用的自然物理计量单位。它包括自然单位、度量衡单位和标准实物单位等。

自然单位是根据研究对象的自然属性来表示其数量的单位。例如，人口以"人"为单位；汽车以"辆"为单位；牲畜以"头"为单位。

度量衡单位是按照统一的度量衡制度规定来度量客观事物数量的一种计量单位。例如，粮油以"千克"为单位；布匹以"米"为单位；耕地以"公顷"为单位等。当产品用一种计量单位不能充分表达其数量时，也可用双重单位或复合单位表示。例如，发电机用"千瓦/台"表示；船舶用"排水量/艘"表示；货物周转量用"吨公里"表示；发电量用"千瓦时"表示等。

标准实物单位是把品种、规格或成分不同的同类物品按照统一折算标准折算成某一标准品来表示的一种计量单位。例如，不同马力的拖拉机，由于各台拖拉机的动力（即马力）不同，如果只是简单地采用混合台数，就不能准确地反映其数量大小，故应按照统一实物单位（1标准台=15马力）折算，汇总成标准台数。这里，标准台数就是能够精确反映拖拉机总马力实物量的指标。

（二）货币单位

货币单位是用货币来度量社会财富或劳动成果的一种计量单位。货币单位具有广泛的综合性和概括能力，不同物量换算成货币单位后便可以直接加总。所以，以货币单位计量的价值指标（或货币指标）具有广泛的综合性和高度的概括能力，能综合反映现象总体在一定条件下的总规模、总水平和总成果。货币单位在经济领域的运用十分广泛。例如，社会经济生活中经常见到的GDP、国民总收入、企业生产成本、利税总额等就是以货币单位计量的价值指标。但是，以货币单位计量的价值指标有局限性，主要表现在价值指标偏离了物质内容，比较抽象，甚至不能确切反映实际情况。

价值指标是由物量与价格相乘后得到的指标，其数量值大小受物量和价格两个因素的影响。如果要比较不同时期物量的变化，就需要剔除价格变动的影响。

按选择价格，价值指标可分为按现行价格计算和按可比价格计算。按现行价格计算就是指按当期的实际价格计算；按可比价格计算，就是要剔除不同时期价格的变动，使物量对比不受价格变动的影响而具有可比性。

（三）劳动单位

劳动单位是以劳动时间表示的计量单位，是一种复合单位，如出勤工日、实际工时、定额工时等，其既包括用工时间，又包括用工人数。劳动单位计量的劳动指标也有一定的综合能力。但由于不同行业、不同类型、不同经营水平的企业具有不同的劳动生产率，因此，劳动指标仅限于在一个单位内部或同行业内使用，一般不直接跨行业对比。

三、总量指标的计算原则

总量指标的计算方法有直接计算法和间接推算法两种。直接计算法就是在全面调查的基础上逐步汇总而得到总量指标；间接推算法是根据非全面资料或各种关系推算出总量指标，如平衡关系推算法、因素关系推算法和比例关系推算法等。在计算总量指标时应遵循以下原则：

（一）科学性原则

计算总量指标时应以科学的理论来确定总量指标的含义、范围和计算方法。总量指标数值的计算不同于单纯的数字加总，每一个总量指标都有明确、具体的社会经济内容，都是具有固定质的数量表现。因此，必须正确地确定总量指标所表现的各种社会经济现象的概念、构成和计算方法。特别是物量指标，它直接反映产品的使用价值和经济内容，是由现象的性质和用途决定的，不同性质的现象不能简单地相加汇总，只有在性质上表现为相同的现象才能汇总计算其物量指标。

（二）可比性原则

计算总量指标时应注意历史条件变化对指标内容和范围的影响，使不同时期的总量指标具有可比性。

（三）统一性原则

总量指标的指标口径（即计算的范围、计算方法、计量单位等）要统一。在计算物量指标时，不同实物单位代表不同类现象，若计量单位不统一，则容易造成统计上的差错或混乱。所以，重要的总量指标的实物单位应采用全国统一规定的指标目录中的计量单位。

第二节　相对指标

一、相对指标概述

（一）相对指标的概念及作用

1. 相对指标的概念

相对指标是把两个有联系的指标加以对比而得到的综合指标，它是用来反映某些相关事物之间数量联系程度的描述指标。

相对指标也称为相对数，通常表现为相对比率，能从数量上反映事物在不同时间、空间、或事物本身内部或事物之间的联系程度或对比关系，如男女性别比、积累与消费比、计划完成百分比等。

2. 相对指标的表现形式

相对指标的计量单位分有名数和无名数两种。

有名数是将相对指标中的分子指标和分母指标的计量单位同时使用，形成双重单位或复合单位。例如，人口密度用"人/平方千米"表示；城市人拥有公共汽车用"辆/万人"表示。

无名数是一种抽象化的数值，常以系数、倍数、成数、百分数、千分数和番数等表示。

系数和倍数是将对比的基数抽象化为1而计算的相对数。两个指标对比，其分子数值和分母数值相差不大时常用系数，子项较母项大时常用倍数。

成数是将对比的基数定为10而计算的相对数。例如，某地区某年的粮食产量比前一年增长了两成，即增产了2/10。

百分数是将对比的基数定为100而计算的相对数。千分数是将对比的基数定为1 000而计算的相对数，当对比的分子数值比分母数值小很多时宜用千分数表示。

两个相比较的数值中，一个是另一个数的2^m倍，则称m是番数。例如，某地区某年的工业增加值为200亿元，计划5年后翻一番，则该地区5年后的工业增加值应达到400（200×2^1）亿元；若计划翻两番，则为800（200×2^2）亿元；翻3番即为1 600（200×2^3）亿元。

3. 相对指标的特点

相对指标是相互联系的指标对比的结果，它有两个特点：首先，它是抽象化的数值，反映现象之间的相对程度；其次，相对指标数值的大小与研究总体范围的大小无直接联系。

（二）相对指标的作用

利用相对指标可以清楚地反映现象内部结构或现象之间的数量对比关系。

例：甲、乙两企业职工性别统计如表2-1所示。

表2-1　甲、乙两企业职工性别统计

企业	甲	乙
职工人数/人	2 000	3 200
其中：男职工人数/人	500	500
男职工所占比例/%	25.00	15.63

相对指标和总量指标的结合。利用相对指标并结合总量指标可以更全面地认识事物总体。例如，知道了某企业某年的总产值为5 000万元，这只说明该企业该年的产值总量和产出规模，不能说明这个企业的产值发展速度的快慢和生产效益的高低等，如将企业该年产值与上年实际产值（4 000万元）对比，计算出相对指标，就可以知道该企业的发展速度（5 000/4 000=125%）。如果再计算出该企业该年的资金利税率、劳动生产率等相对指标，就能了解该企业生产效益的高低，同时这些相对指标使该企业具有了与其他企业横向对比

的基础。

相对指标是管理和考核企业的重要指标。相对指标是进行经济管理和考核企业活动成果的重要指标，如资金利税率、成本利润率等。

二、相对指标的种类及计算

按统计研究任务和对比基础的不同，相对指标通常分为结构相对指标、比例相对指标、比较相对指标、强度相对指标、动态相对指标、计划完成度相对指标。

（一）结构相对指标

结构相对指标简称结构相对数，在数据分组的基础上，以总体中的某部分数值除以总体全部数值而得的比率。其计算公式为：

$$结构相对数 = \frac{总体部分数值}{总体全部数值} \times 100\%$$

结构相对数用无名数表示（一般用百分数表示）。各组比率之和必为 100% 或 1。其分子和分母可以同是总体单位数，也可以同是总体的标志数值，当然分子的数值仅是分母数值的一部分。

例：如表 2-2 所示，2022 年某地的工业增加值为 227 991 万元，而 2022 年该地的 GDP 636 463 万元，其中第一产业、第二生产和第三产业的增加值分别为 58 332 万元、271 392 万元、306 739 万元，试计算 2022 年第一产业、第二产业和第三产业所占比率。

表 2-2　2022 年某地的工业增加值构成情况

项目	第一产业	第二产业		第三产业	合计
		小计	其中：工业		
增加值 / 万元	58 332	271 392	227 991	306 739	636 463
比率 /%	9.17	42.64	35.82	48.19	100.0

计算结果表明，2022 年该地工业增加值占 GDP 比率的 35.82%；第一产业、第二产业和第三产业所占比率分别为 9.17%、42.64% 和 48.19%，三个产业比率之和为 100%。

结构相对指标的作用：①说明总体内部结构，反映现象的本质和特征；②通过不同时间的比较，说明现象发展变化的过程；③根据各部分在总体中所占比率是否合理，反映工作质量的好坏。

（二）比例相对指标

比例相对指标简称比例相对数，是总体内部各组成部分之间对比求得的比例，它反映

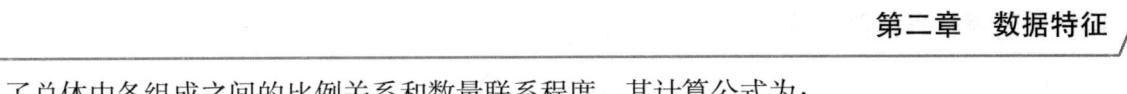

了总体中各组成之间的比例关系和数量联系程度。其计算公式为：

$$比例相对数 = \frac{总体中某部分数值}{总体中另一部分数值} \times 100\%$$

比例相对数的指标值通常用百分比或几比几的形式来表示，一种是将作为比较基础的数值抽象化为 1、10、100 或 1 000，看被比较的数值是多少。例如，某年某地出生婴儿中，男婴有 1 700 人，女婴有 1 600 人，则该地的新生儿性别比 = 男婴数 / 女婴数 =1 700/1 600 =1.062 5（或 106.25 ∶ 100）。这说明，如果女婴出生人数为 100，则男婴的出生人数是女婴的 1.062 5 倍，有时也简称新生儿性别比为 1.062 5。同时，也可用 P ∶ M ∶ N 的连比形式来反映总体中若干组之间的比例关系，如在上例中 2016 年某地各产业的比例相对数可以表示为 9.17 ∶ 42.64 ∶ 48.19。

比例相对指标与结构相对指标既有联系又有区别，二者的作用相同，所反映的都是总体内部结构的比例关系。但二者对比的方法略有不同，比例相对指标侧重于总体内部分与部分的对比，而结构相对指标侧重于部分与总体的对比。例如，出生婴儿性别比为 105 ∶ 100，如果换算为结构相对数指标就是：在出生婴儿中男性占 51.22%，女性占 48.78%。在实际工作中，比例相对指标和结构相对指标往往结合使用。

（三）比较相对指标

比较相对指标简称比较相对数，是同类现象在同一时期的不同国家、地区、部门或单位之间的对比，用来说明现象在各种不同区域条件下静态数量的横向对比联系。其主要用来反映某一类现象在同一时期、不同空间发展上的均衡状况。其计算公式为：

$$比例相对数 = \frac{总体中某类指标数值}{另一条件下同类指标数值} \times 100\%$$

公式中，分子与分母在指标含义、指标口径、计算方法和计量单位等方面都必须一致。用以比较的指标可以是总量指标，也可以是相对指标或平均指标。比较相对数一般用百分数或倍数表示，根据分析说明的目的和方式不同，比较相对数的分子和分母可以互换位置。

例：如表 2-3 所示为某年中国城乡居民人均可支配收入数据，试分析城乡收入差距。

表 2-3　某年中国城乡居民人均可支配收入数据

指标	城镇居民	农村居民	全国居民
人均可支配收入 / 元	28 844	10 489	20 167
扣除物价因素后比上年增长 /%	6.8	9.2	8.0

计算结果表明，某年中国城镇居民人均可支配收入是农村居民的 2.75 倍，或者说农村居民人均纯收入是城镇居民人均可支配收入的 36.36%，不到 40%，这说明城乡居民收

入差距较大。

在社会经济管理中，比较相对数用途广泛，它既可用于不同国家、地区、单位之间的比较，也可用于先进与落后的比较，还可用于与标准水平或平均水平进行比较。通过比较相对数可以揭示同类现象之间先进与落后的差异程度，找出差距。但要求对比的分子与分母在时间、指标口径、计量单位等方面具有可比性。

（四）强度相对指标

强度相对指标简称强度相对数。它是两个性质不同但有一定联系的指标数值对比得到的比率，主要用来反映现象的强度、密度和普遍程度等。其计算公式为：

$$强度相对数 = \frac{某一指标数值}{另一有联系而性质不同的指标数值} \times 100\%$$

计算强度相对指标时，必须从社会经济现象的本质方面去寻找它们之间的内在联系，以使两个指标的对比具有意义。

强度相对指标的表现形式一般为有名数，也有用系数、倍数等表示的无名数。如果分子指标和分母指标原有的计量单位不同，就会形成以复合单位和双重单位表示的有名数。例如，人口密度用"人／平方千米"表示；每千人拥有医生数用"人／千人"表示；人均GDP用"元／人"表示，人均粮食产量用"千克／人"表示等。当分子指标和分母指标原有的计量单位相同时，强度相对指标时就用倍数、系数、百分数和千分数等无名数表示。例如，机器设备利用程度用设备利用率表示；产值利润率、资金利税率、商品流通费用率用百分数表示；人口出生率、人口死亡率和人口自然增长率用千分数表示等。

多数强度相对指标的分子、分母可以互换位置从而形成正指标和逆指标。当强度相对数的指标值大小与现象的强度、密度和普通程度成正比时为正指标；反之，则为逆指标。如每千人拥有医疗卫生机构数及每千人拥有医疗卫生机构床位数等是正指标，该指标值越大表示人们就医越便利，社会卫生服务越有保障；反之，为逆指标，即该指标值越大表明医院越拥挤，社会卫生服务越没有保障。

有些强度相对指标经常用"人均"之类的字眼，但这不是平均指标。例如，人均GDP、人均粮食产量等都有"人均"二字，但都不是平均指标。因为平均指标是有特殊含义的，平均指标必须是同一总体的某一标志总量指标与单位总量指标的对比，而强度相对指标的分子和分母有可能来自两个不同的总体。

强度相对指标的分子、分母一般是总量指标，但也可以根据平均指标和相对指标计算。例如，企业年内月平均销售额与月平均存货额对比，可以得到月平均存货周转率；GDP增长率与能源消费增长率之比称为能源弹性系数等。

强度相对指标是反映总体内涵和质量的重要指标，因此运用十分广泛，其作用表现为：

①可以用来反映现象的密度和普遍程度，如人口密度、铁路（公路）密度、商业网点密度、森林覆盖率等。②可以用来评价一国或某一地区的经济发展水平高低和经济实力的强度，如人均GDP、人均粮食产量、人均主要工业产品产量、人均国民总收入、人均财政收入、人均固定资产投资额、人均公共教育经费等。这些指标不仅能体现当地的经济实力，还能反映某些经济指标与人口的比例关系。③可以用来反映社会经济活动的条件优劣，评价经济活动效果。例如，人均耕地面积、人均森林蓄积量、人均水资源拥有量、人均主要矿产资源保有储量等可以反映资源条件的丰裕度；万元资金利税率、投资效果系数、投资系数等则是考核、评价经济活动效果的重要指标。④可以用多个有关联的强度相对指标来反映现象之间的依存关系。例如，利用企业的利润总额、营业收入、成本费用、资产、资本金等计算营业收入利润率、成本费用利润率、资产利润率、资本金利润率等强度相对指标，以从不同角度说明该企业的盈利水平及盈利能力。

（五）动态相对指标

动态相对指标简称动态相对数，是指某一指标在不同时间上的数值对比，表明现象在不同时间上的纵向变化。通常把需要研究时间的指标称为报告期水平；把作为对比基础时间的指标称为基期水平。其计算公式为：

$$动态相对数 = \frac{报告期数指标数值}{基期指标数值} \times 100\%$$

（六）计划完成程度相对指标

计划完成程度相对指标简称计划完成相对数，它是现象在某一时期内的完成数值与计划规定数值对比形成的比率。它是用来检查监督执行程度的相对指标其计算公式为：

$$计划完成相对数 = \frac{实际完成数}{计划任务数} \times 100\%$$

计划完成相对数常以百分数表示，其分子是反映计划执行结果的实际数值，分母则是下达计划任务的指标数值。因此，要求分子与分母在指标含义、计算方法、计量单位以及时间和空间范围等方面完全统一。同时，由于计划任务数是衡量计划完成情况的标准，故在计算该指标时，分子与分母不可互换。

1. 计划完成程度指标的计算

根据研究目的和任务不同，计划任务指标可能是计划总量指标（绝对数）、相对数指标（相对数）或平均指标（平均数）几种不同形式。由此，计划完成相对数的计算方法也可分为三种。

（1）当计划任务数是总量指标时。其计算公式为：

$$计划完成相对数 = \frac{实际完成数}{计划任务数} \times 100\%$$

例：某公司计划上半年完成销售额 5 000 万元，实际上半年销售额达到了 5 500 万元，请问该公司上半年的销售额计划完成相对数为多少？

解：

该公司上半年的销售额计划完成相对数 =5 500 ÷ 5 000 × 100%=110%，即该公司上半年销售额超额 10% 完成了计划。

（2）当计划任务数是相对指标和平均指标时。其计算公式为：

$$计划完成相对数 = \frac{实际完成数}{计划任务数} \times 100\%$$

例：某饲料场计划将产品的单位成本控制在 300 元，并要求工人的劳动生产率达到 4 000 元。实际产品生产后，算出产品的单位成本为 270 元，工人的劳动生产率为 4 200 元。请问该饲料场是否完成了产品的单位成本和工人的劳动生产率计划？

解：

产品的单位成本计划完成相对数 =270 ÷ 300 × 100%=90%

工人的劳动生产率计划完成相对数 =4 200 ÷ 4 000 × 100%=105%

计算结果表明，该饲料厂饲料的单位成本实际比计划降低了 10%，即超额完成了产品的单位成本控制计划，平均每单位饲料节约生产成本 30（270 － 300=-30）元。同时，该厂工人的劳动生产率超额 5% 完成了计划，工人的劳动生产率比实际计划提高了 200（4 200 － 4 000=200）元。

从上述可以看出，对计划完成程度相对指标进行评价，并判断计划任务是超额完成还是未完成，需要根据计划指标的不同类型并结合实际做出结论。一般而言，对销售额和产值等总量指标，计划完成相对数大于 100% 表示超额完成计划，小于 100% 表示未完成计划。由于劳动生产率、资金利税率、人均收入、每百人拥有医疗卫生机构床位数等平均指标和相对指标的实际经济含义是指标值越大代表效益越好或服务越便利，因此又经常被称为"正指标"。正指标的计划任务数常被认为是实际要求完成的最低限，因此，要求实际执行时应尽量超过该计划指标值，这时计划完成程度等于或大于 100% 为完成或超额完成计划，小于 100% 为未完成计划；反之，被称为"逆指标"（指标值越小越好），即下达计划任务时规定一个最高限，要求实际执行中不超过计划指标，如产品的单位成本、原材料消耗等，这时计划完成程度等于或小于 100% 为完成或超额完成计划，大于 100% 为未完成计划。

（3）当计划任务数是以本年计划数比上年实际数提高或降低多少的相对数表示时，如成本降低率、劳动生产率、原材料利用率提高率，可采用如下公式来计算提高率或降低率：

$$计划完成相对数 = \frac{1 \pm 实际提高（降低）率}{1 \pm 计划提高（降低）率} \times 100\%$$

例：某企业计划第二季度主要产品的单位成本降低 5%，实际降低了 6.5%，请问是否完成计划？如果第一季度该企业主要产品的单位成本为 500 元／吨，那么第二季度取单位成本实际是多少元？计划是多少元？

解：

$$计划完成程度 = \frac{1-6.5\%}{1-5\%} \times 100\% = 98.42\%$$

即该企业第二季度超额 1.58% 完成了计划。从而可知，若第一季度该企业主要产品的单位成本为 500 元／吨，那么第二季度主要产品的单位成本实际是 467.75［500 ×（1–6.5%）=467.75］元／吨，第二季度计划单位成本是 475［500 ×（1–5%）=475］元／吨，第二季度实际成本比第一季度单位成本节约了 32.5（467.5–500= –32.5）元，比计划单位成本节约了 7.5 元。

例：某企业计划下半年的劳动生产率比上半年提高 10%，实际比上半年提高 12%，请问是否完成计划？

解：

$$计划完成程度 = \frac{1+12\%}{1+10\%} = 101.82\%$$

计算结果表明，该企业下半年的劳动生产率超额 1.82% 完成了计划任务。

2. 计划执行进度的考核

计划执行进度的考核就是逐日、逐月或逐季地考核计划执行的进展情况，并分析计划执行过程中的均衡性，以保证顺利完成计划任务。计划执行进度用自期初累计至报告期止的实际完成数与全期计划任务数之比表示。其计算公式为：

$$计划执行进度 = \frac{累计完成数}{全期计划数} \times 100\%$$

当计划执行进度大于时间进度时，说明进度提前；当计划进度小于时间进度时，说明进度推迟。

评价计划执行进度的快慢，要以相应的时间进度为标准，使计划进度与时间的推进相适应。当计划任务在一年内均衡时，1—6 月要求完成年度计划的 50%，即时间过半任务过半，1 月—9 月的累计量要求占全年计划的 75%。

例：如表 2-4 所示，是某企业三个分公司的计划完成情况，分析并考核各公司的均衡性。

表 2-4 某企业三个分公司的计划完成情况

分公司	全年计划销售额 / 万元	截至第三季度累计完成的销售额 / 万元	计划执行进度 /%
A 公司	600	459	76.5
B 公司	400	298	74.5
C 公司	100	68	68.0
合计	1100	825	75.0

从上表的执行进度看，截至第三个季度，该企业总体计划执行进度等于 75%，时间和进度协调，销售额进度是均衡的。从三个分公司考核，各分公司的计划进度却不均衡：A 公司超额 1.5% 完成了计划进度，B 公司和 C 公司的计划进度分别为 74.5% 和 68%，都未完成计划进度，尤其是 C 公司只完成了计划的 68%，这与均衡发展的要求有相当大的差距。因此，该企业通过进度情况调查发现，C 公司目前需要查找原因，加大营销力度，以保证整个企业顺利完成全年的销售计划。

3. 长期计划的检查

长期计划一般是指五年和五年以上的计划。由于计划任务的规定有不同的性质，有的任务是规定计划期末应达到的水平，有的任务是按全期应完成的累计数来规定。由此产生了两种检查长期计划的方法：水平法和累计法。

（1）水平法

当计划任务数是规定计划期最后一年应达到的水平时，检查长期计划应用水平法。其计算公式为：

$$计划完成进度 = \frac{计划末年的实际水平}{计划规定的末年水平} \times 100\%$$

例：某企业五年计划规定，第五年企业的主要产品产量要达到 600 万吨，实际第五年产量达到了 630 万吨，请问企业是否完成了产量计划？

解：

$$计划完成程度 = \frac{630}{600} \times 100\% = 105\%$$

即该企业超额 5% 完成了五年的产量计划。

采用水平法检查长期执行情况，当计划超额完成时一般还需要确定计划完成的提前期。提前期是指长期计划内可以打破日历年度的界限，如从前往后考察只要在计划期内连续 12 个月完成的水平达到了计划规定的末年水平，剩下的时间就是提前完成的时间。

例：上例中，计划最后一年的产量达到 600 万吨，如果实际执行情况如表 2-5 所示，则该企业提前多少时间完成计划？

表 2–5 某企业五年主要产品产量计划完成情况

单位：万吨

时间	第一年	第二年	第三年		第四年				第五年			
			上半年	下半年	一季度	二季度	三季度	四季度	一季度	二季度	三季度	四季度
产量	500	540	230	320	110	130	150	170	120	160	170	180

从表 2-5 的数据可知，第四年的第三个季度至第五年的第二个季度（连续一年）正好达到了计划规定末年完成的水平 600（150+170+120+160=600）万吨，所以第五年剩下的两个季度就是该企业完成五年计划的提前期，即提前半年完成计划。

但实际工作中，这种正好提前半年或一个月的现象很少见，若将上例中第五年的第二个季度的 160 万吨改为 170 万吨，则请问计划完成的提前期是多少？

显然，完成计划连续一年的时间应在第四年的第二个季度至第五年的第二个季度之间。具体方法如下：

假设第五年的第二个季度用了 x 天，则第五年的第二个季度还剩（$90 - x$）天。为了满足 12 月，就必须加上第四年第二个季度的 x 天，即正好生产出 600 万吨的时间因是在第四年的第二个季度的第（$90 - x$）天到第五年的第二个季度的第 x 天。列出计算公式，有

$$\frac{130}{90}(90-x)+150+170+120+\frac{170}{90}x=600$$

解方程得：$x=67.5$ 天，余 90-68=22（天），即表示提前 6 个月零 22 天完成了五年计划。

注：日历日数按标准天数每月 30 天、每季度 90 天、每年 360 天计算。

（2）累计法

当计划任务是规定整个计划期内累计完成的数量时，检查长期计划应用累计法。其计算公式为：

$$计划完成程度 = \frac{实际累积完成数}{计划规定累计数} \times 100\%$$

按累计法确定提前完成计划的时间，是用计划全部时间减去自计划执行日起至实际累计完成规定数量的日期止的时间。

例：某钢铁企业计划五年内生产钢材 420 万吨，实际五年内生产了 500 万吨并在第五年的 2 月累计已达到了 420 万吨，试计算该企业钢材产量的五年完成计划。

解：

$$计划完成程度 = \frac{500}{420} \times 100\% = 119.05\%$$

即该企业提前 10 个月超额 19.05% 完成了五年的钢材产量生产计划。

三、计算和运用相对指标的原则

（一）与总量指标结合应用原则

总量指标能够反映事物发展的总规模和总水平，却不易看清事物内部构成及事物之间程度差异；而相对指标是用一个抽象化的比值来反映现象的相对程度，能揭示和反映事物内部构成及事物间的相互联系，但掩盖了现象的总量水平，看不出相对指标背后绝对量的大小。因此，相对指标与总量指标各有优缺点。认识事物和分析社会经济现象时，只有将相对指标与总量指标结合运用，才能更深入地说明社会经济现象发展变化的真实情况。

（二）多种相对指标及平均指标结合应用原则

一种相对指标只能说明某一方面的情况，而在面对和研究复杂现象总体时，往往需要比较全面地从各方面反映现象的发展变化及其客观规律性。所以，在实际工作中，只有根据实际情况及所掌握的资料，灵活运用不同类型的多种指标才能从不同角度分析事物，认识事物的全貌。例如，在评价我国全面小康生活的指标体系中，既要有反映城乡居民收入水平和消费水平的总量指标，又要有反映城乡对比与差距方面的相对指标。只有把这些指标结合起来进行考察，才能对我国城乡居民生活水平有一个全面的认识，才能客观、深入地评价全面小康生活的现状和程度。

第三节　平均指标

一、平均指标的概念

描述数据分布集中趋势的主要指标是平均指标，又称平均数。平均数是概括描述同质总体分布的一般水平和集中趋势的数值。它将总体各单位标志值的个体差异抽象化，反映了总体在一定的时间、地点、条件下各单位某一数量标志所达到的一般水平，如学生的平均体重、工人的平均工资等。

集中趋势是在变量数列的分配中，接近平均数的标志值较多，远离平均数的标志值较少，而且正负离差大体相等，整个变量数列呈现出以平均数为中心上下波动的趋势。

在实际统计分析中，平均指标具有广泛的作用：一是可以用来反映总体各单位变量分布的集中趋势和一般水平；二是便于比较同类现象在不同空间、不同单位条件下一般水平

的差异；三是能够比较同类现象在不同时期的发展水平、变化趋势和规律；四是可以用来分析现象之间的依存关系。

二、平均指标的分类及计算

平均数按计算方法、表现形式和作用的不同，可分为数值平均数和位置平均数两大类。

（一）数值平均数

数值平均数是根据数据分布的全部标志值（或称变量值）计算的平均数，也称均值，是反映数据分布集中趋势的重要指标。它又包括算术平均数、调和平均数和几何平均数。

1. 算术平均数

算术平均数是分析社会经济现象一般水平的基本指标。其计算公式为：

$$算术平均数 = \frac{总体标志总量}{总体单位总量}$$

公式中，分子与分母同属一个总体，分母是分子（标志值）的承担者，即分子与分母具有一一对应关系。例如，一个车间有 5 名工人，他们的工龄分别是 5 年、5 年、12 年、18 年、20 年，则 5 名工人的平均工龄为

$$平均工龄 = \frac{5+5+12+18+20}{5} = 14（年）$$

这种分子与分母的一一对应关系是平均指标与强度相对指标的根本区别所在。强度相对指标的分子与分母是两个不同质的指标之比，没有一一对应关系，如人均 GDP、商业网点密度、人口密度等。

同时，算术平均数根据所掌握的资料不同，有简单算术平均数和加权算术平均数两种计算形式。

（1）简单算术平均数

简单算术平均数适用于未分组的原始资料，是用变量数列中所有数值求和再除以该组数列的个数而得到的数值平均数。其计算公式为：

$$\overline{x} = \frac{x_1 + x_2 + \cdots + x_n}{n} = \frac{\sum x}{n}$$

（2）加权算术平均数

加权算术平均数简称加权平均数，适用于总体单位数较多、数据资料已分组的情况。其计算公式为：

$$\overline{x} = \frac{\sum xf}{\sum f} \quad 或: \overline{x} = \sum \left(x \frac{f}{\sum f} \right)$$

式中 $\bar{x}$ 表示算术平均数；x 表示各单位标志值（变量值）；f 表示各组单位数（项数）；$\sum f$ 表示权数之和；$\dfrac{f}{\sum f}$ 表示各组权数占总权数的比重。

例：某班有 50 名学生，期末英语考试成绩如表 2-6 所示，求该班英语考试的平均成绩。

表 2-6　某班学生期末英语考试平均成绩计算表

按成绩分组 / 分	组中值 x	频数 f	xf	频率 $(f/\sum f)/\%$	$x\dfrac{f}{\sum f}$
60 以下	55	2	110	4	2.2
60 ~ 70	65	5	325	10	6.5
70 ~ 80	75	13	975	26	19.5
80 ~ 90	85	25	2 125	50	42.5
90 以上	95	5	475	10	9.5
合计	—	50	4 010	100	80.2

解：根据资料可以计算出

$$\bar{x} = \frac{\sum xf}{\sum f} = \frac{4010}{50} = 80.2 \text{（分）}$$

或

$$\bar{x} = \sum\left(x \cdot \frac{f}{\sum f}\right) = 55 \times 4\% + \cdots + 95 \times 10\% = 80.2 \text{（分）}$$

即该班英语考试的平均成绩为 80.2 分。

由加权算术平均数的计算公式可以看出，决定平均数大小的影响因素主要有两个：一是各组变量值（标志值 x_i），它决定平均数的变动范围；二是各组频数（f_i）。频数多的标志值对平均数的影响要大些，频数少的标志值对平均数的影响也相应的小。标志值频数的多少，对平均数的大小有权衡轻重的影响作用，所以称其为权数。但必须指出，权数对于算术平均数的影响作用，不是决定于频数本身数值的大小，而是决定于权数比重 $\left(\dfrac{f}{\sum f}\right)$ 的大小。权数比重是指各组单位数占总体单位数的比重，也叫权数系数或相对数权数。哪一组单位数所占比重大，哪一组标志值对平均数的影响就大。当各组的单位数相等或各组单位数所占比重相等时，权数对各组的作用都一样，加权就失去了意义，此时，加权算术平均数等于简单算术平均数。

在计算加权算术平均数时，还会遇到权数的选择问题。选择权数的原则是：务必使各组的标志值与其乘积等于各组的标志总量，并且具有实际的经济意义。一般来说，在分配数列条件下，次数就是权数，但也有例外，特别是用相对数或平均数计算加权算术平均数时，要特别注意。

2. 调和平均数

调和平均数又称倒数平均数，是各变量值倒数的算术平均数的倒数，调和平均数也常被看成算术平均数的变形。在实际工作中，经常会遇到只有各组标志总量和各个组变量值，缺少总体单位数的资料，这时可用调和平均法计算平均数，其计算结果与算术平均数的计算结果完全相同。调和平均数有两种计算方法：简单调和平均数和加权调和平均数。

（1）简单调和平均数

简单调和平均数是各单位标志值倒数的简单算术平均数的倒数。

$$\overline{x}_h = \frac{1+1+\cdots+1}{\dfrac{1}{x_1}+\dfrac{1}{x_2}+\cdots+\dfrac{1}{x_n}} = \frac{n}{\sum \dfrac{1}{n}}$$

式中，$\overline{x}_h$ 表示调和平均数；x 表示各单位标志值（变量值）；n 表示总体单位数。

（2）加权调和平均数

加权调和平均数适用于已分组的资料。如果掌握各组的标志值水平和各组的标志总量，而不知道各组的总体单位数，则应采用加权调和平均数的方法来计算调和平均数。其计算公式为：

$$\overline{x}_h = \frac{m_1+m_2+\cdots+m_n}{\dfrac{m_1}{x_1}+\dfrac{m_2}{x_2}+\cdots+\dfrac{m_n}{x_n}} = \frac{\sum m}{\sum \dfrac{m}{x}}$$

式中，$\overline{x}_h$ 表示调和平均数；x 表示各单位标志值（变量值）；m 表示权数。

例：某产品在不同地区的销售情况如表 2-7 所示，试计算销售的平均价格。

表 2-7 某产品在不同地区的销售情况

地区	产品单价 / 元	销售额 / 元	销售量 / 件
A	1.75	2 100	1 200
B	2.50	3 500	1 400
C	1.25	3 000	2 400
合计	—	8 600	5 000

解：根据资料可以算出

$$\overline{x}_h = \frac{\sum m}{\sum \dfrac{m}{x}} = \frac{8\ 600}{5\ 000} = 1.72 \ (\text{元/ 件})$$

值得注意的是，调和平均数常常作为算术平均数的变形来使用。所以，它的计算内容也和算术平均数一样，是标志总量除以总体单位数。调和平均数的权数是算术平均数中的标志值乘以总体单位数所得的标志总量，即 $m=xf$（m 称为权数），将 $f=m/x$ 代入加权算术平均数公式，可得出两种平均数计算式的关系为：

$$\bar{x} = \frac{\sum m}{\sum \frac{m}{x}} = \frac{\sum xf}{\sum f}$$

上例中，用加权算术平均数求得的平均价格：$\bar{x} = \frac{\sum xf}{\sum f} = 1.72$（元／件），由此可见，调和平均数是作为算术平均数的变形，虽然它与算术平均数计算方法不同，但其实质是一样的，都是标志总量除以总体总量，所以计算结果也完全一致。一般来说，若掌握的是变量值和总体单位数的资料，则采用算术平均数公式计算平均数；若掌握的是变量值和总体标志总量而缺少总体单位资料，就应采用调和平均数公式计算平均数。

无论是加权算术平均数或加权调和平均数，均存在权数的选择问题。在计算平均数时，若变量值是绝对数，则其次数就是权数。但是，在根据相对数或平均数资料来计算平均指标时，选择权数则需考虑权数与标志值（或标志值的倒数）相乘应具有现实的经济意义，即要选择与标志值存在直接数量关系的资料作权数。

例：某地 10 家企业的利润计划完成程度和计划利润额如表 2-8 所示，试计算利润平均计划完成程度。

表 2-8　某地 10 家企业的利润计划完成程度和计划利润额

利润计划完成程度 x/%	企业数／个	计划利润额 f／万元	组中值／%	实际利润额 xf／万元
80 ～ 90	2	500	85	425
90 ～ 100	5	1 600	95	1 520
100 ～ 110	3	800	105	840
合计	10	2 900	—	2 785

解：根据资料可知，利润平均计划完成程度为

$$\bar{x} = \frac{\sum xf}{\sum f} = \frac{2785}{2900} = 96.03\%$$

运用调和平均数时，应注意几个问题：一是调和平均数是根据变量值倒数求平均数，故变量值不能为 0；二是调和平均数和算术平均数一样，易受极端数值影响。若数列中存在极大值，则平均数增大；若存在极小值时，则平均数减小。但和算术平均数相比，调和平均数受极端值的影响要小些。

3. 几何平均数

几何平均数是 n 个变量值连乘积的 n 次方根，常用于计算平均比率和平均速度。由于掌握的资料的不同，几何平均数分简单几何平均数和加权几何平均数两种。

（1）简单几何平均数

简单几何平均数就是 n 个变量值连乘积的 n 次方根。其计算公式为：

$$\overline{x}_{G} = \sqrt[n]{x_1 x_2 \cdots x_n} = \sqrt[n]{\Pi x}$$

式中，$\overline{x}_{G}$ 表示为几何平均数；x 表示各单位标志值（变量值）；n 表示变量值项数。

例：某地区 2019—2022 年经济发展速度分别为 108%、110%、112%、115% 和 116%，试计算该地区 2019—2022 年经济的平均发展速度。

解：根据几何平均数的应用条件，可以计算出

$$\overline{x}_{G} = \sqrt[5]{108\% \times 110\% \times 112\% \times 115\% \times 116\%} = 112.16\%$$

（2）加权几何平均数

当计算几何平均数的各个变量的次数不相等时，要应用加权几何平均数。其计算公式为：

$$\overline{x}_{G} = \sqrt[f_1+f_2+\cdots+f_n]{x_1^{f_1} x_2^{f_2} \cdots x_n^{f_n}} = \sqrt[\sum f_i]{\Pi x_i^{f_i}}$$

例：某人有一笔款项存入银行 10 年，前 2 年的年利率为 6%，第 3 年～第 5 年的年利率为 5%，后 5 年的年利率为 3%。如果按复利计算，则这笔款项的平均年利率为多少？

解：在计算平均年利率时，应首先将年利率加上 100%，换算为各年的本利率，然后计算出平均本利率，再减去 100%，得到平均年利率，即

$$\overline{x}_{G} = \sqrt[10]{1.06^2 \times 1.05^3 \times 1.03^5} = 104.2\%$$

$$104.2\% - 100\% = 4.2\%$$

在我国统计实务中，几何平均数应用范围较窄，其主要用于计算平均发展速度，属于动态平均数；计算静态平均数时，很少使用此法。在计算几何平均数时应注意，当数列中有一项为 0 时，不能计算几何平均数。

（二）位置平均数

算术平均数、调和平均数和几何平均数都是根据总体全部标志值计算的，均属于数值平均数。在平均指标中，还有根据处于特殊位置上的标志值来确定和计算的位置平均数，即众数和中位数。众数和中位数都不受总体中极端值的影响。假如某现象的次数分布数列不对称，且极端值的影响很大，这时算术平均数或调和平均数会失去代表值的意义。这种情况下，采用众数和中位数就更有代表性。

1. 中位数

将总体中各单位的标志值按大小顺序排列，位于中间位置的标志值就是中位数。中位数将数列的标志值分成两个部分，一半标志值比它小，一半标志值比它大，因而中位数也叫分割值。例如，估计一群人的平均身高，在无测量工具的情况下，则可对人群依高低排队，排在队伍中间的人的身高就可看作平均身高的近似值。

中位数不受极端值的影响，因此在许多场合用它来反映现象的一般水平。例如，某数列为 8、10、18、20、30，其中位数是 18；若将最大数扩大 1 000 倍，则中位数仍为 18。这说明中位数不受极端值影响。

确定中位数时，必须将总体各单位的标志值按大小顺序排列，最好是编制出变量数列。这里有两种情况：

对于未分组的原始资料，须先将标志值按大小排序。设排序的结果为 x1,x2,x3,…,xn，则中位数就可以按下面的方式确定，即

$$M_e = \begin{cases} x_{\frac{n+1}{2}} & (n \text{ 为奇数}) \\ \dfrac{x_{\frac{n}{2}} + x_{\frac{n}{2}+1}}{2} & (n \text{ 为偶数}) \end{cases}$$

对于已分组的资料，由组距数列确定中位数。应先按 $\dfrac{\sum f}{2}$ 的公式求出中位数所在组的位置，再按下限公式或上限公式确定中位数。

下限公式：$M_e = L + \dfrac{\dfrac{\sum f}{2} - S_{m-1}}{f_m} \times d$

上限公式：$M_e = U - \dfrac{\dfrac{\sum f}{2} - S_{m-1}}{f_m} \times d$

式中，M_e 表示中位数；L 表示中位数所在组下限；U 表示中位数所在组上限；f_m 表示中位数所在组的次数；$\sum f$ 表示总次数；d 表示中位数所在组的组距；S_{m-1} 表示中位数所在组以下的累计次数；S_{m+1} 表示中位数所在组以上的累计次数。

例：根据表 2-9 所示数据，计算 50 名工人日加工零件数的中位数。

表 2-9 50 名工人日加工零件数

按零件数分组 / 个	频数 / 个	向上累计 / 人	向下累计 / 人
105 ~ 110	3	3	50
110 ~ 115	5	8	47
115 ~ 120	8	16	42
120 ~ 125	14	30	34
125 ~ 130	10	40	20
130 ~ 135	6	46	10
135 ~ 140	4	50	4

解：由表 2-9 可知，中位数的位置 =50/2=25，即中位数在 120 ~ 125 这一组，L =120，S_{m-1} =16，U =125，S_{m+1} =20，f_m =14. d =5，从而根据中位数公式可得

$$M_e = 120 + \frac{\frac{50}{2} - 16}{14} \times 5 = 123.21（件）$$

$$M_e = 125 - \frac{\frac{50}{2} - 20}{14} \times 5 = 123.21（件）$$

应用中位数时应注意，因中位数是它在所有标志值中所处的位置确定的全体单位标志值的代表值，不受分布数列的极大值或极小值影响，故在一定程度上提高了中位数对分布数列的代表性。但有些离散型变量的单项式数列，当频数分布偏态时，中位数的代表性会受到影响。

2. 众数

众数是总体中出现次数最多或最普遍的标志值。它是位置平均数，不受数列中极端变量值的影响，这是区别于算术平均数的一个重要标志。但它与算术平均数的作用一样，也可以反映总体各单位某一数量标志值的一般水平，只是精确度有所区别。

在实际工作中，众数被广泛运用。例如，为了掌握农贸市场某种商品的价格水平，往往利用该种商品最普遍的成交价格为代表；又如，服装、鞋帽等商品的生产和销售，为了满足广大消费者的需要，使这些商品的产销平均协调，有关生产与销售部门就必须了解消费者需求量最大的服装、鞋帽的尺码、规格、型号等，以作为制订生产和销售计划的重要依据；再如，某班 40 名学生中，20 岁的 3 名，19 岁的 5 名，18 岁的 29 名，17 岁的 3 名，由于 18 岁的人数最多，故 18 岁为该班学生年龄标志的众数，它可以代表该班学生年龄的一般水平。

若总体单位数多且有明显集中趋势，则计算众数既方便又意义明确；若总体单位数少，或虽多但无明显集中趋势，就没有众数；若变量数列中有两个或几个变量值的次数都比较集中，就可能有两个或几个众数，这时称为复众数。

确定众数时，首先要将数据资料进行分组，编制变量数列。然后，再根据变量数列的不同种类采用不同的方法。

根据单项数列求众数，不需要任何计算，可以直接从分配数列中找出出现次数或频率最高的一组标志值，这就是所求的众数。

对组距数列求众数。此时，众数的计算公式有两种，即

$$上限公式：M_0 = U - \frac{(f - f_{+1})}{(f - f_{-1}) + (f - f_{+1})} \times i$$

$$下限公式也：M_0 = L + \frac{(f - f_0)}{(f - f_{-1}) + (f - f_{+1})} \times i$$

式中，f 表示众数所在组次数；f_{-1} 表示众数所在组前一组的次数；f_{+1} 表示众数所在组后一组的次数；L 表示众数所在组组距的下限；U 表示众数所在组组距的上限；I 表示组距。

例：根据表 2-10 所示资料，计算众数。

表 2-10　某年级某学科学生成绩统计

按成绩分组 / 分	学生人数 / 人
60 以下	10
60 ~ 70	40
70 ~ 80	80
80 ~ 90	120
90 以上	30
合计	280

解：由表 2-10 可知，众数在 80 ~ 90 这一组，从而有

$$下限公式：众数 = 80 + \frac{120 - 80}{(120 - 80) + (120 - 30)} \times 10 = 83.08（分）$$

$$上限公式：众数 = 90 - \frac{120 - 30}{(120 - 80) + (120 - 30)} \times 10 = 83.08（分）$$

三、平均指标的适用范围和应用原则

（一）平均指标的适用范围

数值平均数利用了所有数据信息，是实际应用最广泛的集中趋势测度值。尤其是在数据呈对称分布或接近对称分布时，均值、中位数和众数会相等或接近相等，这时一般选择

用均值作为集中趋势的代表值。但均值的主要缺点是易受数据极端的影响，特别是当数据分布偏斜度较大时，位置平均数的代表性反而会比均值好。位置平均数的特点是不受极端的影响，如中位数主要适宜作为顺序数据的集中趋势测度值，众数则适宜作为分类数据的集中趋势测度值。

（二）平均指标的应用原则

1. 平均指标只适用于同质总体

平均数只有在同质总体中进行计算，才能正确反映社会经济现象的一般水平。同质性是指社会经济现象的各个单位在被平均的标志上具有相同性。否则，就会混淆不同质总体的数量特征，从而不能正确反映总体所具有的数量特征。

2. 用组平均数补充说明总平均数

由于平均数易受极端值的影响，所以，应用时要注意把平均数与组平均数结合起来分析。由于平均数的重要特征是把总体各单位的差异抽象化，掩盖了各单位的数量差异及其分配状况。因此，对于总体单位的分布状况，根据分析研究的需要，可以用分配数列补充说明总平均数，以便多视角地观察问题。

3. 根据具体条件选择平均方法

不同的平均数，其计算方法、特点和使用条件等存在较大不同，因此，在使用平均数时，一定要根据变量数列的性质和已知条件等选用合适的数值平均数或位置平均数。

第四节 标志变异指标

一、标志变异指标的概念及种类

（一）标志变异指标的概念

标志变异指标是用来说明总体各单位的标志值之间差异程度的综合指标，它反映的是总体分布的离散趋势，也称为标志变动度。它主要包括全距、平均差、标准差以及全距系数、平均差系数、标准差系数等。

在对统计数据进行综合分析时，将集中趋势指标和离散趋势指标互相配合、互相补充，可以对统计数据进行较全面的观察。

（二）标志变异指标的作用

1. 标志变异指标是衡量平均指标代表性大小的重要尺度

平均指标作为总体某一数量标志的代表值，其代表性的大小取决于总体各单位标志值差异程度的大小。一般来说，标志变异指标越大，平均数的代表性越小；标志变异指标越小，平均数的代表性越大；标志变异指标为 0，平均数就具有完全的代表性。

例如，甲、乙两组都有四名学生，其英语考试成绩如下：

甲组：100 80 40 0；乙组：61 60 60 59

两组平均分相等，均为 60 分，但两组的差异很大，甲组两极分化，平均分 60 分实际没有多大的代表性；乙组则相当均匀，平均数 60 分基本上能代表这一组的水平（因乙组学生的成绩都在平均值附近）。

2. 标志变异指标是反映社会经济活动过程的均衡性与协调性的重要指标

在经济发展过程中出现的升降起伏、波动较大的非均衡变化的现象，生产过程中出现的前松后紧或前紧后松的无节奏状况等，可利用标志变异指标对之进行测定和分析。一般来说，变异指标越小，现象变动越均匀稳定；反之，则均衡或稳定性较差。

例：某厂甲、乙两车间第一季度生产计划执行情况如表 2-11 所示。

表 2-11　某厂甲、乙两车间第一季度生产计划执行情况

名称	本季度计划数 / 吨	各月完成数 / 吨		
		1 月	2 月	3 月
甲车间	100	32	34	34
乙车间	100	20	30	50

虽然甲、乙两车间第一季度都完成了生产计划，但甲车间每月都完成本季度计划的 30% 左右，计划执行情况是均衡的；乙车间则前松后紧，一月份只完成本季度计划的 20%，第三个月则完成计划的 50%，占全部计划任务的一半，表现得很不均衡。

3. 标志变异指标是设计抽样方案的依据之一

在抽样调查中，根据样本指标来推断总体指标，只有得知了标志变异指标才能确定推断的准确程度及误差大小。

（三）标志变异指标的种类

1. 标志变异绝对指标

常用的标志变异绝对指标有全距、平均差、标准差。这些变异指标主要反映标志值变动的绝对程度，用绝对数表示。通常只有在平均数相等、计量单位相同的条件下，才适宜采用这类指标进行直接比较。

2. 标志变异相对指标

标志变异相对指标是通过各类标志变异的绝对指标与相应的平均数之比来表明标志变异的相对程度，又称为标志变异系数或离散系数，用 V 表示。常用的离散系数有全距系数、平均差系数和标准差系数，它们可以消除数列平均水平高低对标志变异程度大小的影响，反映不同水平和不同性质的变量数列的变异程度。

二、标志变异指标的计算方法

（一）标志变异绝对指标的计算方法

1. 全距

全距又称极差，是指数列中最大的标志值与最小的标志值的差。其计算公式为：

全距 = 最大的标志值 - 最小的标志值

例如，某车间有甲、乙两个生产小组，每组各有 7 人，他们的日产零件数如下：

甲组：40 50 60 70 80 90 100

乙组：64 66 68 70 72 74 76

则

甲组日产零件数的全距 =100-40=60（件）

乙组日产零件数的全距 =76-64=12（件）

甲、乙两个生产小组的工人平均日产量相等，都为 70 件，但从全距的计算可看出，甲组工人日产量差异大于乙组工人日产量差异。全距数值越小，反映变量值越集中，标志变动度越小；全距数值越大，反映变量值越分散，标志变动度越大。

对于根据组距数列求全距，可以用最高组的上限与最低组的下限之差，求全距的近似值。但当有开口组时，若不知极端数值，则无法求全距。

全距是测定总体差异程度的一种粗略方法，它的优点是计算简便，在实际工作中常用于产品质量的检验和控制。因为在正常生产条件下，产品质量比较稳定，全距在一定范围内波动，若全距超过给定的范围，就说明有不正常情况发生。所以，利用全距有助于及时发现问题，以便采取措施，保证产品质量。但全距在计算时，只考虑两个极端变量值的水平，而不管中间数值的差异情况，也不受次数分配的影响，因而不能全面反映总体各单位标志值的差异程度。

2. 平均差

平均差指各标志值与其算术平均数离差的绝对值的算术平均数。

由于各标志值对算术平均数的离差之和等于 0，因此，计算平均差时，我们采用离差的绝对值($|X - \bar{X}|$)来计算。平均差能够综合反映总体中各单位标志值变动的影响。一般

来说，平均差越大，表明标志变异程度越大，平均数的代表性越小；反之，则表明标志变异程度越小，平均数代表性越大。以 A.D 代表平均差，其计算公式为：

在资料未分组的情况下： $A.D = \dfrac{\sum |X - \bar{X}|}{N}$

在资料分组的情况下： $A.D = \dfrac{\sum |X - \bar{X}| f}{\sum f}$

在平均数相等、计量单位相同的条件下，可直接采用平均差比较不同总体变量值的离散程度。

例：甲、乙两个生产小组工人日产量如表 2-12 所示，试比较两组平均数代表性的大小。

表 2-12　甲、乙两个生产小组工人日产量

甲组			乙组		
日产量 / 件	离差	离差绝对值	日产量 / 件	离差	离差绝对值
20	-4	4	10	-14	14
22	-2	2	20	-4	4
25	1	1	25	1	1
26	2	2	30	6	6
27	3	3	35	11	11
合计	—	12	合计	—	36

解：根据表 2-12 可以算出

甲组平均日产量 =（20+22+25+26+27）÷5=24（件）

A.D=12÷5=2.4（件）

乙组平均日产量 =（10+20+25+30+35）÷5=24（件）

A.D=36÷5=7.2（件）

计算结果表明，甲组工人日产量平均差异程度为2.4件，乙组工人日产量平均差异为7.2件，甲组的平均差比乙组平均差小，所以乙组平均数的代表性比甲组平均数的代表性小。

平均差不同于全距，它是根据全部变量值计算出来的，所以对整个变量值的离散趋势有较充分的代表性。但平均差计算采用取离差绝对值的方法来消除正负离差，因而不适于代数方法的演算，从而使其应用受到限制。因此，常用标准差和方差来说明标志变异程度的大小。

3. 标准差

标准差就是总体各单位的标志值与其算术平均数离差平方的算术平均数的平方根，故又称为均方根差。标准差的平方称为方差。

标准差是测定标志变异程度最常用、最主要的指标。标准差的意义与平均差基本相同，都表示各标志值对算术平均数的平均距离。不同之处在于数学处理方法上有所区别：平均差采用绝对值来消除各标志值与算术平均数之间离差的正负值问题，而标准差采用平方的方法来消除正、负离差的影响，考虑了总体中各单位标志值的变动影响，更符合数学的运算要求。所以说，标准差不仅具有平均差的优点，而且还弥补了平均差的不足，它是综合反映标志变动度最合理的指标，在实际工作中得到极为广泛的运用。

标准差有两种计算方法：

（1）简单平均法（适用于资料未分组的情况）。其计算公式为：

$$\sigma = \sqrt{\frac{\sum (x - \overline{x})^2}{n}}$$

例：两组学生统计学成绩如表 2-13 所示，试比较两组平均成绩的代表性大小。

表 2-13　两组学生统计学成绩

成绩 / 分　组别	第一组	
	离差	离差平方
60	-15	225
70	-5	25
80	5	25
90	15	225
合计	—	500

成绩 / 分　组别	第二组	
	离差	离差平方
20	-55	3 025
80	5	25
100	25	625
100	25	625
合计	—	4 300

解：根据表 2-13 可以得出

$$\overline{x}_1 = \frac{60+70+80+90}{4} = 75（分）$$

$$\overline{x}_2 = \frac{20+80+100+100}{4} = 75（分）$$

$$\sigma_1 = \sqrt{\frac{500}{4}} = 11.2（分）$$

$$\sigma_2 = \sqrt{\frac{4300}{4}} = 32.8（分）$$

计算结果表明，在两组学生平均成绩相等的情况下，第一组的标准差小于第二组标准差，这说明第一组平均成绩的代表性大于第二组。

（2）加权平均法（适用于分组资料）。其计算公式为：

$$\sigma = \sqrt{\frac{\sum(x-\bar{x})^2 f}{\sum f}}$$

例：已知甲组工人的平均工资为767元，标准差为22元；乙组工人的工资如表2-14所示，试比较两组平均工资的代表性大小。

表2-14　乙组工人的工资

按工资水平分组/元	工人人数/人	组中值/元	工资总额/元	离差平方	离差平方乘以次数
500 ~ 600	2	550	1 100	47 089	94 178
600 ~ 700	3	650	1 950	13 689	41 067
700 ~ 800	5	750	3 750	289	1 445
800 ~ 900	6	850	5 100	6 889	41 331
900 以上	2	950	1 900	33 489	66 978
合计	18	—	13 800	—	245 002

解：根据表2-14可以算出

$$\bar{x}_乙 = \frac{13800}{18} = 767（元）$$

计算结果表明，在两组工人平均工资相等的情况下，乙组的标准差大于甲组的标准差，这说明乙组工人平均工资的代表性较甲组小。

（二）标志变异相对指标的计算方法

以上介绍的各种标志变异指标是反映标志变异度的绝对指标。在计算标志变异指标时，其数值的大小不仅受标志值之间差异程度的影响，还受标志水平高低的影响，仅适用于两个平均数相等时比较代表性大小。因此，在比较两个数列的标志变异度、衡量其平均指标的代表性时，如果两个总体或数列的性质不同、平均水平不同，就不能采用变异绝对指标直接比较其离散程度的大小，而应采用标志变异指标的相对指标，即离散系数。离散系数

是极差、平均差和标准差与其算术平均数的对比值，分别称为极差系数、平均差系数和标准差系数，在实际工作中，标准差系数应用最为普遍，其计算公式为：

$$V = \frac{\sigma}{x} \times 100\%$$

例：甲商店职工的平均工资为900元，标准差为20元；乙商店职工的平均工资为600元，标准差为18元，试比较两商店平均工资的代表性大小。

分析：从标准差来看，甲商店的标准差比较大，似乎可以判断乙商店的平均工资代表性优于甲商店。但两商店的平均工资不相等，不能通过变异绝对指标直接比较，只能根据标准差系数来判定。

解：根据资料可以算出

$$V_{甲} = \frac{20}{900} = 2.2\%$$

$$V_{乙} = \frac{18}{600} = 3\%$$

计算结果表明，甲商店职工的平均工资的代表性较大。

第三章 统计数据的管理与运用

第一节 统计数据的收集与调查

统计离不开数据，统计学是收集、整理、分析数据的方法论学科，它从数据中提炼信息，从而得出结论。学习统计知识，必须了解数据收集的相关内容。本章主要探究统计数据的收集与调查，统计数据的计量、误差与收集过程，统计数据的整理与处理以及统计数据深化价值挖掘与运用。

一、统计数据的收集

（一）统计数据的收集意义与来源

1.统计数据的收集意义

在很多情况下，企业的管理者都需要通过收集、分析数据来规划和设计公司的管理活动。如市场研究者需要评价某产品的特征以区分该产品与其他产品的差异；药品制造商要了解某种新药是否比现在所使用的药疗效更好；学校要调查学生对任课老师的满意度，以进行合理的绩效考核。管理层的决策工作能否顺利进行，都依赖于一定数量和质量的数据支持。

人们在管理中所收集的数据大多用于四类活动：第一类，为一项调查或研究提供必要的输入；第二类，检验各项标准的一致性；第三类，评估某项正在进行的服务或产品流程的客户反馈情况；第四类，满足管理者关于某一方面的好奇心。企业管理需要对大量的数据进行分析，因此做好数据收集工作十分重要。

2.统计数据的来源

从数据使用者的角度来看，统计数据可以分为一手数据和二手数据。一手数据也称为直接数据，它是数据使用者通过直接调查和科学实验得出的数据；二手数据也称为间接数据，它来源于他人进行调查或实验所得出的数据。

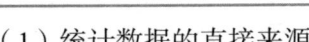

（1）统计数据的直接来源

直接数据即为第一手数据，获取直接数据的方法主要有两种：调查和实验。

①调查

调查是取得第一手数据的重要手段，其中既包括了由政府统计部门进行的调查，如人口普查等，也包括了由其他社会统计机构为特定目的所组织的调查，如市场调查等。

②实验

实验就是在设定好的特殊实验场所中、在特殊的状态下，对调查对象进行实验以获得所需的数据。通过实验方法获得的数据，通常是对自然现象而言的，被广泛地应用到社会科学中，如心理学、教育学、社会学、经济学、管理学等。实验的目的通常是了解某种处理方式与特定反应的联系。

（2）统计数据的间接来源

对于许多数据使用者来说，亲自去做调查和实验往往不太可能，他们所使用的数据大多来自他人的调查或实验，即二手数据。二手数据是由于特定的目的已经被提前收集好的资料，这些资料可以被快速获取，而且经济花费也不会很大。总的来说，根据其来源途径，二手数据可以分为内部二手数据和外部二手数据。

①内部二手数据

内部二手数据是指可以在数据使用者所在的组织或机构的内部得到的资料。例如，某公司的产品销售量或顾客光顾情况、营销活动、价格信息、分销商报告和反馈、员工满意度等。事实上，几乎所有大公司的营销信息系统都是以分析日常收集到的公司内部资料为基础的。

②外部二手资料

可以提供外部二手资料的印刷物来源有：中央、各地政府、非营利机构（如统计局、商业局等）、贸易组织和行业机构、投资经纪公司等。事实上，出版物提供的资料相当多，特别是在西方国家。因此，对出版物提供的二手资料做进一步的分类很有必要。

一般，商业资料的来源包括指南、索引和非政府的统计资料，如购物指南、市场导报、中国广告公司实力排序、股票行情、证券市场、亿元商场统计、中国名牌商品调查报告等。政府资料可以分为普查资料或政府统计资料，如中国统计年鉴、中国人口普查资料、商情信息，以及其他政府出版物等。

一手数据的收集成本远远高于二手数据。收集一手数据需要投入大量的人力、物力和财力，但对于特定的问题而言，一手数据的价值远高于二手数据。相较于二手数据来说，一手数据具有客观性、针对性、时效性等特点；在研究许多实际问题时，二手数据只能起到辅助的作用，分析的主体还是一手数据，因为每一份一手数据都是针对特定的目标而收集的。

一手数据和二手数据在数据的收集目的、收集过程、收集费用和收集时间等方面都各不相同。例如，宝洁公司要推出新的洗发水，康师傅想调整广告策略，肯德基准备开拓县级市场，政府有关部门希望就教育改革问题了解公众的看法等，都必须借助一手数据作为参考或决策的依据。一手数据被广泛地应用于现实社会的各个领域，它直接地影响着人们的社会生活。

（二）统计数据的收集方法

统计数据的收集方法主要是访问法和观察法。访问法主要在于交流，访问的具体方式包括：入户访问、传统电话访问、拦截访问、观察监测访问、焦点小组访谈法、深度访谈法、CATI 访问（计算机辅助电话访问）、CAPI 访问（计算机辅助个人访问）、网上访问等。观察法主要是用眼睛来察看，使用工具进行测量。在实际调查中，调查人员通常不只使用某种调查方法，而是将几种方法组合起来进行数据收集。

1. 入户访问

入户访问是指访问员按照研究项目规定的抽样原则，找到符合条件的受访者，到受访者的家中或工作单位，直接与受访者进行面对面的交流，从而获取受访者对于特定事物、现象的认知或评价等多方面的一手资料与信息的调查方式。入户访问的优点是能够对调查过程加以控制，回答率较高，能够较好地满足复杂问卷的调查要求，得到的结论更加准确、详细，可以更好地推断总体；缺点是调查成本较高，入户访问需要花费较多的人力、物力，而且拒访率也相对较高，尤其在中心大城市进行入户访问时，居民的警惕性很高，入户调查不容易被接受。

2. 传统电话访问

传统电话访问是指选取一定的受访者样本，通过拨打电话的方式，访问问卷上所列出的一系列问题，在访问过程中用笔记下答案。访问员集中在某个专门的场所或电话访问间，在固定的时间内进行数据收集工作，现场有督导员对访问员进行访问监督和抽样控制。

传统电话访问的突出优点是信息反馈快、费用低、辐射范围广，电话访问不需要支付交通成本、礼品费，也不会受到区域的限制，能较好地保证调查的质量；缺点是调查内容的深度受到限制，不能进行复杂的调研，电话访问的结果不能推断总体，并且不能进行图片、文字等视觉信息的收集。

3. 拦截访问

拦截访问，是指在固定场所拦截访问对象，与符合条件的受访者进行面对面交流。拦截访问分为定点拦截访问和不定点拦截访问。定点拦截访问多是在商业街区选择一个相对固定的地点，一般选择具有足够多座位、环境较好、能够让受访者感到安全的地点（如由调查公司暂时租用的咖啡厅、西餐厅等），访问员在选定地点的附近拦截合格的受访者，

并引导受访者到此固定地点进行访问的方法。不定点拦截访问是指在人流较大的街区，如商业街、娱乐场所、生活小区等地点，由访问员对拦截的合格受访者进行访问。

4. 焦点小组访谈法

焦点小组访谈法也称为小组座谈法，这种方法源于医生所用的群体疗法，后来被广泛地运用于社会学、经济学、管理学等领域。焦点小组访谈是由一个经过训练的主持人，以一种无结构的自然的形式，与一个小组的被调查者交谈，主持人负责组织讨论的访谈。访谈的目的在于通过交谈，了解和理解受访者心中的想法及其原因；访谈的关键是使受访者对主题进行充分和详尽的讨论；访谈的意义在于了解他们对某种产品、观念或组织的看法，了解所调研的事物与他们在生活上的契合程度，以及在感情上的融合程度。通过小组座谈，研究者常常可以得到一些意想不到的发现。实施焦点小组访谈法的六个基本步骤为：准备访谈环境；邀约合适的受访者；编写访谈提纲；确定主持人；实施焦点小组访谈；编写访谈报告。焦点小组访谈的组织和实施都具有非常鲜明的特点。

5. 深度访谈法

深度访谈法是一种无结构的、直接的、一对一的访问方法，即在访问过程中，由一位掌握高级访问技巧的访问员与一位被选中的受访者进行深入交流，以了解受访者对某一问题或事件的看法。深度访谈的效果与访问员的职业素养有直接的关系，一名优秀的深度访问员需要掌握丰富的心理学知识和熟练的沟通技巧，在沟通中要始终保持客观中立的态度，富有风度和人情味，营造放松的交谈气氛，能够使用恰当的方法了解到受访者的真实想法。

深度访谈法与焦点小组访谈法都属于定性研究方法，它不如焦点小组访谈法使用得普遍，但在以下几种特殊情况下更加有效。一是在讨论一些保密的、敏感的或让人为难的话题时，如个人财政、疾病状况等；二是需要详细了解的复杂行为，如见义勇为行为等；三是针对某类群体的专项调研，如针对同性恋、变性人、整容者等群体生存状况的调研。

6. 计算机辅助电话访问（CATI）

计算机辅助电话访问的英文全称是 Computer Assisted Telephone Interview，其缩写形式是 CATI，它是由电话、计算机、访问员三种资源组成的访问系统。CATI 的访问流程是先利用大型机、微型机或个人用计算机设计生成一份计算机问卷，访问员坐在与总控计算机相连的、带屏幕和键盘的终端设备（CRT 终端）的对面，头戴小型耳机式电话与受访者进行交流。CRT 终端代替了传统问卷、答案纸和铅笔。通过计算机拨打所要的号码，在电话接通之后，访问员就开始读出 CRT 屏幕上显示出的问答题并直接将受访者的回答（用号码表示）用键盘记入计算机的数据库之中。

7. 观察监测访问

观察监测访问是观察法的一种，它是指以一种系统的方式记录受访者的行为模式以获取感兴趣的有关现象的信息。其基本特征是：访问员与受访者之间没有语言交流，访问员通过对受访者的观察来获得信息，所需信息可以在事件发生时记录下来或从以往事件的记录中综合得到。在实际操作的过程中，访问员通常会采用两种方式进行监测：人员观察监测和机械观察监测。人员观察监测是指访问员进入访问区域，对感兴趣的要素进行监测与记录；机械观察监测是指利用电子仪器记录调查对象某种行为模式的反应，选择这种方式时需要确保仪器的运作情况较好，能保证进入系统的数据的质量和完整性，从而提高数据的可信度。在使用观察法时，因为调查人员不是强行介入，所以常常能够在不被受访者觉察的情况下获得信息资料。

（三）计算机技术在数据收集中的应用

随着计算机技术的发展，互联网已经成为继报纸、广播、杂志、电视之后的第五大大众媒体。互联网的发展直接推动了调查方式的转变，通过网络进行访问已经成为业内广泛采用的调查手段。与传统访问不同的是，网上访问只针对特定的网民群体进行调查，网上访问是以互联网为沟通平台，受访者在某个特定的站点或通过电子邮件的方式填写问卷后，发送给调查机构的一种调查方法。网上访问的方法主要有三种：电子邮件访问、交互式 CATI 系统和网络调研系统。以下主要围绕电子邮件访问与网络调研系统展开论述。

1. 电子邮件访问

电子邮件访问是指将问卷做成一份简单的电子邮件后，按照已知的地址发出，受访者回答完毕后将问卷回复给调研机构，访问过程中有专门的程序进行问卷准备、电子邮件地址设置和数据收集。电子邮件问卷制作方便且分发迅速。由于出现在受访者的个人信箱中，因此能够引起注意，但受访者在填写问卷时会因感到烦琐而影响到调查数据的质量。

2. 网络调研系统

网络调研系统是指专门为网络调研设计问卷连接及传输的软件。这种软件设计无须使用程序，如整体问卷设计、网络服务器、数据库和数据传输程序等都不需要用到。问卷由简易的可视问卷编辑器生成，自动传送到因特网服务器上供受访者作答；通过特定的网站，调查者可以随时在屏幕上对收集到的数据进行整体统计、图表统计。

二、统计数据的调查

（一）统计数据的调查方式与技术

在解决许多社会生活中的问题时，需要做深入的调查，通过调查取得信息，将信息提炼成数据。调查是人们取得研究数据的重要手段。当调查者准备开始某项调查时，对哪些人、单位或者事物进行研究，即研究分析单位的选取，是调查者必须面对的问题。根据样本的范围，调查可分为普查（census）和抽样调查（sampling survey）。

1.统计数据的调查方式

（1）普查

普查是为特定目的而专门组织的全面调查，是对总体中所有个体单位展开的调查。普查涉及的范围广、单位多，需要耗费大量的人力、物力、财力和时间，通常间隔较长的时间进行。当总体所涉及的范围和数量比较大，又需要考虑调查成本和数据的时效性时，很难对总体中所有的个体单位进行全面的调查，这时候便需要从总体中抽出一部分样本单位，将其作为"总体的代表"，对"总体的代表"展开研究，然后将研究结论推论到总体，这就是普查。

（2）抽样调查

抽样调查是从总体中随机抽取一部分单位作为样本进行调查，并根据样本调查的结果来推断总体特征的数据收集方法。样本是否具有代表性，决定了研究结论的适用性或可推广性，若投入大量的精力和时间从事某项研究后，得出的统计结论只适用于很小的群体，不能描述总体的状况，则是一种浪费。抽取的样本是否能够代表总体的特征，取决于抽样技术的选择，不同的抽样技术有不同程度的总体代表性，因此，选择合适的抽样技术进行调查非常必要。

2.统计数据的调查技术

（1）随机抽样及其技术

随机抽样，也称为概率抽样（probability sampling）。从总体中随机地抽取一定数目的单位作为样本进行观察，总体中每个单位被抽中的概率均等，偏差小，被抽取的样本具有很强的代表性。随机抽样是一种简单且易于获取有代表性的样本的抽样方法。随机抽样的优点是可以很好地消除偏见，并且可以为估计抽样误差提供统计手段；缺点是对所有样本都平等看待，难以体现重点，并且在抽样范围很广时，比较耗时费力。

随机抽样可以分为简单随机抽样、分层随机抽样、系统随机抽样、整群随机抽样等。

第一，简单随机抽样。简单随机抽样的具体做法主要有两种：①抽签法，是指将总体的全部单位逐一作签，搅拌均匀后，进行随机抽取，直到抽取到需要调查的样本容量为止；②随机数字表法，是指将总体中的所有单位编上序号后，在随机数字表中随机选择一个起点（任一排或一列），开始从左向右或从右向左、从上向下或从下向上抽取，直到所抽取的样本达到所需的样本容量为止。

第二，分层随机抽样。分层随机抽样是指在抽样之前先将总体按性质、特点划分为若干层（类），然后从各个层中抽取一定数量的元素组成一个样本。分层抽样的特点是将科学的分组方法与抽样方法结合在一起，分层减小了各抽样层变异性的影响，抽样保证了所抽取的样本具有足够的代表性。

第三，系统随机抽样。系统随机抽样也称等距抽样或机械抽样，是指将总体中各单位按一定顺序排列后，根据样本容量的要求确定抽选间隔，然后随机确定抽样的起点，每隔一定的间隔抽取一个样本的抽样方法。

系统随机抽样的步骤是：①将总体由 $1 \sim N$ 依次编号；②计算抽样距离 $K = \dfrac{N}{n}$，其中 N 为总体，n 为样本容量；③在 $1 \sim K$ 中随机抽取 K_1，作为样本的第 1 个单位；④接着抽取 $K_2(K_1 + K), K_3(K_2 + K), \cdots, K_n(K_{n-1} + K)$。

第四，整群随机抽样。整群随机抽样是指将总体划分成若干群后，以群作为抽样单位，从中抽取部分群，再对抽中的各个群中所包含的所有元素进行全面调查。

整群随机抽样是在单纯随机抽样的基础上发展起来的。采用单纯随机抽样，有时会因样本过于分散而导致调查费用过高；采用整群随机抽样的方法时，由于抽中的单位比较集中，调查起来更方便、省时，可以节省人力、物力。但在整群抽样过程中，需注意划分的群体之间的差异要小，保证被抽取的群体代表性强。若抽取的群体间差异太大，则不能很好地反映总体的特征，抽样误差大。整群随机抽样的一般步骤是先采用分群法，将母体分成若干群体，然后随机抽取 R 个群体作为样本，并对选中的群体进行全面调查。

（2）非随机抽样及其技术

非随机抽样是按主观意向进行的抽样，大部分组成总体的单位没有被抽中的机会（零概率），因此调查很容易出现倾向性偏差。非随机抽样也称为非概率抽样（non-probability sampling），依抽样特点可分为：方便抽样、立意抽样、定额抽样和空间抽样。

第一，方便抽样。方便抽样的样本限于总体中易于抽到的一部分。最常见的方便抽样是偶遇抽样，即人们将在某一时间和环境中所遇到的每个总体单位都作为样本单位。方便抽样是非随机抽样中最简单的抽样方法，省时省钱，但由于样本受偶然因素的影响太大，其代表性很难得到保证。

第二，立意抽样。立意抽样又称判断抽样，是指研究人员从总体中选择他们认为最能代表总体的单位作为样本的抽样方法。当人们对自己的研究领域十分熟悉、对研究总体比较了解时，采用这种抽样方法可以获得代表性较强的样本。这种抽样方法多在总体小而内部差异大的情况下，以及在总体边界无法确定或研究者的时间、人力、物力有限时采用。

第三，定额抽样。定额抽样也称配额抽样，是将总体依某种标准分层（群），然后按照各层样本数与该层总体数成比例的原则，主观地抽取样本。定额抽样与分层抽样很接近，二者间最大的不同是分层抽样的各层样本是随机抽取的，而定额抽样的各层样本是非随机抽取的。总体也可按照多种标准进行组合分层（群）。

第四，空间抽样。空间抽样是指对非静止的、暂时性的、空间相邻的群体使用的抽样方法。例如游行与集会没有确定的总体，参与者从一地到另一地、一些人离去又另一些人进来，但这些事件是在一定范围内进行的。为保证组成样本的元素没有过大的时间差异，对这样的总体在同一时间内进行抽样十分重要。具体的做法是：若干调查员间隔均匀的距

离，从某一方向开始，访问离他最近的人，然后每隔一定步数抽取一人作为调查对象。

（二）统计数据的调查设计

和很多复杂的工作一样，数据收集也分为三个工作阶段：前期准备、工作实施与后期整理。前期准备的工作非常重要，准备得越充分，考虑得就越全面、细致，工作完成的质量相对就越高。数据收集工作的前期准备包括调查方案的制订、问卷的设计和确定、相关文案和表格的设计（数据收集人员招聘表、调查人员培训手册、问卷回收登记表等）、相关调查工具的准备和调试（电话、录音机、相机等）以及其他一些准备工作。数据收集前的准备工作对于数据收集的质量和效率影响很大，其中，影响数据收集的质量的关键因素是调查方案和调查问卷的设计。

1.统计数据调查方案的设计

调查方案就是数据收集的工作计划。一份良好的调查方案不仅能帮助人们获得研究经费，还能更有效率、高质量地完成数据收集工作。调查方案的基本要素有以下七个。

（1）调查的目的

任何一项调查都是有目的的，收集数据是为了描述某个群体的行为特征，或者解释某件事情的原因，也可能仅仅是初步的探讨，以便为后续的研究奠定基础。明确调查目的，才能确定应该收集哪些数据、到哪里去采集，以及如何获取这些数据。调查的目的应该简明扼要，用最简单的句子说明调查者为什么开展本次调查以及调查的意义。

（2）调查的主要内容

一旦确定了调查的动机，就可以开始构思下一步的具体工作内容了。调查内容即调查大纲，基本上就是数据收集的问卷框架。

（3）调查的对象与单位

调查对象是指依据调查的任务和目的而确定的调查的范围及需要调查的那些现象的总体；调查单位是指组成所要调查的现象总体的个体，也就是调查对象中所要调查的具体单位。

（4）调查的方式和方法

调查方法可以分为全面调查，或是抽样调查。具体采用哪种抽样技术、采用实验法还是问卷法；采用入户访问，或者是电话访问；进行实地研究还是对已有的统计资料进行再分析，或者是选择几种方法同时使用。

（5）调查的时间

包括确定调查时间、说明研究的不同阶段如何进行。

（6）调查人员的组织

介绍本次调查小组的成员及各自分工等。

（7）调查项目的经费预算

若要申请研究经费，必须提供经费使用计划，注明各项经费的用途。大型数据收集计划的经费项目包括：人力、用品、器材以及通信费用。即使是一个自费的小型计划，最好还是花些时间预估一下可能的花费，如办公用具成本、复印费、电话费、计算机费用、交通费等。

2. 统计数据的问卷设计

抽样技术帮助调查者确定调查对象，数据收集方法解决如何去调查，接下来要详细讨论调查问卷的设计。一份好的调查问卷是统计数据调查的重要组成部分之一。

（1）问卷设计的步骤

设计一份问卷包括一系列逻辑性的步骤，这些步骤由于调研人员不同而有所差别。但所有的步骤应趋向于一个共同的顺序。明智的做法是与拥有项目最终确定权的相关部门一起确定设计过程的每一步。

第一，确定调研的目的和内容。产品调研经常是市场部经理、品牌经理或新产品开发专家在做决策时感到所需信息不足而发起的。在一些公司中，评价全部二手资料以确认所需信息是否收集齐全是经理的责任；在另一些公司中，经理将所有的市场调研活动，包括一手资料和二手资料的收集交由市场研究部门去做。尽管可能是品牌经理发起了市场研究，但受这个项目影响的每个人，例如品牌经理助理、产品经理，甚至生产营销经理都应该一起讨论究竟需要些什么数据。调查的目标应当尽可能精确、清楚，如果这一步做得好，以后的步骤才会更顺利、更有效。

第二，确定数据收集的方法和调查对象。选择不同的调查方法，问卷设计的内容也会有所不同。例如，电话调查要求调查者拥有较大的词汇量，用来描述一种概念以肯定受访者理解了正在讨论的问题；而入户访问除了要求调查者拥有较大的词汇量外，还需要调查者敢于张口与受访者沟通等。对比而言，在入户访问中，访问员可以给受访者出示图片以解释概念。另外，针对不同的调查对象，问卷的设计也有所不同。调查对象是企业还是个人，是生产商还是经销商，是现实消费者还是潜在消费者等，在进行问卷设计之前，均要确定。

第三，进行问题设计，即确定问卷的逻辑和编排。根据调查的目的和内容，将需要收集的资料，以问题的形式表现出来，然后对所有的问题进行逻辑编排。问卷不能任意编排，整个问卷应该逻辑清晰，每一道题都处在合适的位置上。有经验的市场调研人员很清楚问卷编制是获得受访者配合的关键。问卷设计得越合理和清晰，访问者越可能得到完整彻底的访谈，数据收集的效果也会越好。

第四，预先测试和修订。在问卷获得管理层的最终认可后，还必须进行预先测试。在将问卷正式投入实地访问前，抽取一部分人对问卷进行试访问。通过试访问，可以发现问卷中是否存在解释模糊、不连贯等问题，在这个过程中，也可以使封闭式问题得到更多额

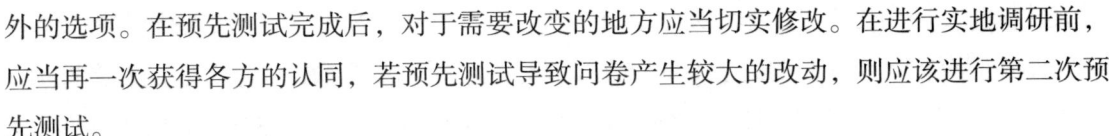

外的选项。在预先测试完成后，对于需要改变的地方应当切实修改。在进行实地调研前，应当再一次获得各方的认同，若预先测试导致问卷产生较大的改动，则应该进行第二次预先测试。

第五，制作和印刷问卷。问卷可能进行特殊的折叠和装订。

（2）调查问卷的结构

一般来说，调查问卷主要由介绍部分、甄别部分、主体部分和背景部分构成。开头部分包括问候语或介绍词、问卷填写说明和问卷编号等内容。

第一，介绍部分。在正式询问之前，问卷开头应有一段诚恳、清晰的介绍词，它具有重要的意义，起到了宣传说服或调和公共关系的作用。在面访中，它一般是向受访者宣读的一份简短的说明。在邮寄问卷的调查形式下，介绍词一般以信件的形式随问卷发出，当然也可分别邮寄。介绍信通常写在印有进行或主办该项调查的组织的名称、地址等文字的信笺上，目的是使受访者认识到该项调查的合理性。

第二，甄别部分。甄别也称为过滤，是指先对受访者进行过滤，筛选掉不符合调查条件的部分，然后针对特定的对象进行调查。通过过滤，可以达到两个目的：首先，筛选掉与调查项目有关的人；其次，可以确定哪些人是合格的被调查者。因此甄别的主要目的是确保被调查者符合条件，能够作为该调查项目的代表，从而满足调查研究的需要。

第三，主体部分。调查问卷的主体就是调查者所要调查的基本内容，这是调查问卷中最重要的部分。

第四，背景部分。包含受访者的年龄、性别、学历、职业、所属行业、个人月收入以及家庭月收入等，根据调查项目的需要可进行取舍。

从问卷的这四部分构成中可以看出，被调查者的个人资料信息通常分布在封面、甄别部分、背景资料中，具体列入多少项目，应根据调查目的以及调查要求而定。

（3）问卷的问题设计

调查问卷的问题通常可以分为两类：开放性问题和封闭性问题。开放性问题就是不为受访者提供具体回答选项的问题；反之，即为封闭性问题。深度访谈和焦点小组访谈基本上依赖开放性问题，定量研究中也会使用到开放性问题，但为了便于定量统计分析，定量研究的问卷中主要使用封闭性问题。

第一，开放性问题。开放性问题的答题区域一般是供受访者填写的空白空间。研究人员留多大空间，受访者就填写多少字。因此，研究人员必须注意的是：要给出足够完整回答问题的空间，以免受访者将答案写在页面边缘和题纸背面。有些开放性问题，特别是那些只需填写简单数字（如年龄）的问题，只需提供一个空格就够了。

第二，封闭性问题。封闭性问题，是指受访者从调查人员所提供的一个或多个具体答案中选择一项或多项符合自身情况的。因为封闭性问题能够保证回答具有高度的一致性，并且比开放性问题更容易操作、便于统计分析，因而在调查研究尤其在定量研究中较多采用封闭性问题。封闭性问题的主要缺点在于设计选项时可能会漏掉一些重要的答案选项，所以在设计问题选项时应尽量考虑得周全一些，答案的选项应尽量包含所有的可能性。另外，可增加"其他（请注明）"一项来统计未尽的答案。

封闭性问题的回答选项更复杂些。大多数回答有两个或两个以上离散种类的变量。根据提问项目或内容的不同，封闭性问题的回答方法可以分为两项选择法、单项选择法、多项选择法、限制选择法、顺序选择法、评定尺度法、双向列联法等。

（4）问卷设计的要则

调查者在撰写问卷时必须注意以下六个要点：

第一，问题中的某些概念要清楚明确。调查问卷中所提出的问题必须清楚、明确，能让受访者产生误解，模糊的问卷往往会得到模糊的回答。例如"您在过去的一周中用于购物的时间是？"中的"过去的一周"是指周一至周五，还是周日到周六；另外在询问"您的家庭收入是多少？"时应限定时间，如近两年或近五年的平均家庭收入，并且最好注明税前或税后等。

第二，避免双重问题。调查者常常会问受访者一个实际上具有多重内容的问题，却又期待着单一的答案。当调查者将一个复杂问题看作一个问题时，这种情况就更容易发生。例如，调查者可能会问受访者这样一个问题：您是否赞成不把钱存进银行，而是将钱投进股市中？很多受访者会毫不含糊地表示赞成，有些受访者会完全不赞成，但是还有一部分受访者则不知道怎么回答。一部分受访者可能赞成不把钱存入银行，但也不赞成将钱完全投入股市，而是更愿意去购买基金或者投资做生意，也有些受访者既赞成把钱存入银行，也愿意投入股市。在回答这个问题时，部分受访者无法简单地回答是或者不是，这就是人们所说的双重问题。在设计问卷时一定要认真检查是否存在类似的问题，确保一个问题中不要包括两个或两个以上的问题。

第三，尽量把抽象的问题转化成具体的问题。对于多数受访者而言，回答具体的问题要比回答概念性的问题感觉轻松。询问受访者有关"成就感""幸福指数"或"满意度"等问题，比如询问年龄、上网次数、购买何种化妆品等具体的问题，更让受访者为难。尽管受访者很可能熟悉幸福的概念，但对于诸如"如何描述您的幸福状况：非常幸福、一般、不幸福"之类的问题，受访者可能会给出不确切的答案。另外，询问受访者对某种产品或某个事件的看法，也会让受访者难以回答，受访者可能从未想过那个问题。例如，对刚才您提到的电视广告有何看法？可以具体为"分别评价一下这则电视广告的情节、人物、广告语、音乐等"。一般来说，宽泛和抽象的问题要尽量转化为若干具体的问题，这样受访者会给出更细致的答案。

第四，问题越短越好，尽量简洁。很多研究者在设计问卷时，倾向于设计出长而复杂的问题，希望能得到更明确和客观的回答。但实际执行调查时，受访者往往不愿意花时间和动太多脑筋来分析问句的结构和层次。选项也不能太多，太多的选项会让受访者反感，不会仔细思考所问的问题。

第五，避免诱导性的问题和词语。有些问题比另一些问题更加鼓励受访者给出某类回答，这一类问题被认为具有诱导性，即它的措辞无形之中给了受访者某种暗示，在科学的研究中，这是应该避免的。

第六，间接询问敏感问题。诸如个人收入、私人生活等敏感问题，应该尽量避免直接询问，在必须涉及敏感问题时，应仔细推敲询问语句，从而降低问题的敏感程度。

（三）统计数据的调查误差

数据的调查质量是调查的生命，它直接影响统计分析结论的客观性与真实性。确保数据的调查质量，就是指在数据收集的各个阶段尽可能减少误差。从统计学的角度而言，误差是指在测量、计算或观察某客观现象的过程中，由于某些错误或某些不可控的因素的影响，而偏离标准值或规定值的数量。误差的类型主要分为：随机抽样误差与非随机抽样误差。随机抽样误差与非随机抽样误差的总和称为总误差。

1.随机抽样误差

随机抽样误差是指原始样本指标的真正的平均值与总体指标的真正的平均值之间的差值。在总体中，一方面，个体之间总是或多或少存在异质性；另一方面，样本与总体之间也存在差异性。因此在推断总体时，只要有抽样，随机抽样误差就不可避免，但它可以得到一定的控制。一般来说，样本所含个体越多，代表性就越强，随机抽样误差就越小；反之，代表性越弱，随机抽样误差就越大。总体异质性程度越高，含同样数目样本的总体的代表性就越弱，随机抽样误差就越大；反之，代表性越强，随机抽样误差就越小。

2.非随机抽样误差

非随机抽样误差是指在实际进行抽样调查时，"随机因素"以外的其他因素所造成的误差，是除随机抽样误差以外的所有误差的总和。引起非随机抽样误差的原因有很多，例如抽样框不齐全、访问员的工作经验不足、受访者不配合、问卷设计有缺陷等。非随机抽样误差贯穿整个调查的每一个环节，任何一个环节都有可能导致非随机抽样误差增加而影响数据质量。

非随机抽样误差的来源主要有抽样框误差、无回答误差和计量误差等，所以要控制非随机抽样误差，就必须对这几种来源进行严格控制。尽量多地准备抽样框以便可以随时替代，并阶段性更新抽样框，抽样框的最佳更新时间为每五年更新一次。在执行调查之前，应用心地招募优秀或有调查经验的访问员，并对访问员进行系统培训，培训包括：基本的沟通技术、心理的调适、对研究项目的背景介绍、调查的基础知识、问题的提纲及选项讲解和各种问题的处理方法等。可以赠送一些小礼品给调查对象作为参与调查的物质奖励，以提高受访者配合调查的积极性。计量误差主要是问卷设计得不恰当、调查时的理解偏差、访问员的记录错误、数据录入的错误等，要减少计量误差应该从以上环节进行控制。

我国目前对数据误差进行系统研究的不多，仅在一些较大型的专业市场研究公司有所涉及。数据的精度是调查和统计的生命线，应对误差特别是可控制的非随机抽样误差进行深入、系统的探讨。

第二节　统计数据的计量、误差与收集过程

企业收集到所需的数据后，针对要研究的不同问题，利用相应的管理统计方法对数据进行分析，得到企业所需要的结果。其中从哪里收集数据，如何收集到有意义的数据，是运用管理统计方法的基础。

一、统计数据的计量

（一）统计计量

在收集统计数据之前人们必须了解所调查对象的计量和测度。对于不同的事物，人们能够予以计量或测度的程度是不同的，测量某些事物前只能对其属性进行分类计量，比如市场调研中客户的满意程度、绩效考核中的评分种类、贷款企业的信誉等级等；而某些事物是可以用比较精确的数字来计量的，如企业一季度的销售额、职员的人数、产品的价值等。显然，从对事物计量的精确程度来看，采用数字计量要比采用分类计量更精确。根据计量学的一般分类方法，按照对事物计量的精确程度，可将所采用的计量尺度由低级到高级、由粗略到精确分为四个层次：定类尺度、定序尺度、定比尺度和定距尺度。

1. 定类尺度

定类尺度是测量尺度中层次最低的计量尺度。它按照某种属性对事物进行分类，例如分为 A、B、C 等类，A、R、C 之间无法进行基本运算，但可以计算对应类别的频数，可以用定类尺度来度量性别、品牌类型等对象。

2. 定序尺度

定序尺度具有定类尺度的一切特征，同时它还能反映出类别之间的等级，即不仅能把事物分成不同类别，并且不同类别之间还能进行排序，如用厌恶、一般、满意等指标来度量消费者的偏好。

3. 定比尺度

定比尺度也称比率尺度，是最高层次的度量尺度，有绝对零点，除了可以分类、比较

大小及进行加减运算外，还可以进行乘除运算，计量测度值之间的比值，可以用定比尺度来度量的对象有很多，如销售额、收入、市场份额等。

4. 定距尺度

定距尺度是在定序尺度的基础上，对事物类别或者次序之间间距的测度，没有绝对零点，可以进行加减运算，通常被用来计量海拔高度、室内外温度等。

（二）统计变量

在统计学中，变量是指现象的某种特征，变量的具体表现称为变量值。统计数据就是统计变量的具体体现。变量可以分为以下三种类型：

第一，定类变量。定类变量的值就是定类数据。例如，性别是一个定类变量，其变量值为男或女这两个定类数据。

第二，数字变量。数字变量的值即为定距数据或定比数据（这两者统称为定量数据）。例如，成绩、年龄、产品产量、商品销售额等都是数字变量。按数字变量值的特性，数字变量可分为离散变量和连续变量。

第三，定序变量。定序变量的值即为定序数据。例如，消费者满意程度就是一个定序变量，其变量值可以表现为很满意、满意、一般、不满意这四个定序数据。

（三）统计数据的类型

采用不同的计量尺度就可以得到不同类型的统计数据，而不同类型的统计数据又适用于不同的统计分析方法。管理统计中所出现的数据有以下四种：

第一，定序数据。表现为类别，有顺序，是由定序尺度计量的。

第二，定类数据。表现为类别，但不区分顺序，是由定类尺度计量的。

第三，定距数据。表现为数值，可进行加减运算，是由定距尺度计量的。

第四，定比数据。表现为数值，可进行加减乘除运算，是由定比尺度计量的。

定序数据和定类数据说明的是事物的品质特征，其结果均表现为类别，也称为定性数据或品质数据（qualitative data）；定距数据和定比数据说明的是事物的数量特征，能够用数值来表现，因此也称为定量数据或数值型数据（quantitative dala）。

区分数据的类型是十分重要的，因为对不同类型的数据将采用不同的统计方法来处理和分析。例如，对定类数据，通常计算出各组的频数或频率，计算其众数，进行列联分析和卡方检验等；对定序数据，可以计算其中位数和四分位差，计算等级相关系数等；对定距或定比数据还可以用更多的统计方法进行处理，如计算各种统计量、进行参数估计和假设检验等。

适用于低层次测量数据的统计方法，也适用于较高层次的测量数据，因为后者具有前者的测量特征。例如，商品类型作为一个定类变量，可通过众数如某类最受欢迎的商品来描述消费者偏好的集中倾向。对于像客户满意度这样的定序数据，通常是计算中位数和分位数来描述其集中趋势。而对于较高测量层次的数据，如企业对各部门的绩效打分（定距数据）或第一季度的营业额（定比数据），同样可以计算众数、中位数和分位数。相反，适用于较高测量层次数据的统计方法，则不能用于较低测量层次的数据，如定距数据和定比数据都可以计算均值，但定类数据和定序数据不可以。

二、统计数据的误差

企业在收集统计数据的同时，必须保证数据的质量。因为统计数据质量的好坏直接影响后续统计分析结论的客观性和真实性。统计数据的误差通常是指统计数据与客观现实之间的差距。数据误差的产生往往是由于在调查中调查人员存在选择偏见、受访者的概念模糊或有意隐瞒以及抽样的随机性等原因。

现实中，不论采用哪种调查，这些误差都或多或少地存在于所收集的数据中。就连在人们看来"最客观精确"的随机抽样方法，也可能有误差。具体来讲，调查中数据误差有以下六种：

（一）覆盖误差

某些个体被排除在总体之外，从而造成了选择偏见，如果这样导致总体不充分，则即使是随机抽样也只能反映这个排除了那些个体的其余个体的特征，而不能准确估计总体特征。

（二）无回馈误差

这是调查回收率太低造成的误差。如要调查的样本数为 10 000，而回馈的样本数只有 2 500，即回收率为 25%，而在这么低的回收率下，很难准确估计总体的分布参数，除非未回馈的 75% 的样本与回馈的 25% 的样本有类似的选择，但这在现实中是不太可能的。调查的形式会影响回馈的比率。如个人访谈和电话访谈等会比发送邮件产生更高的回馈率。

（三）道德误差

这是由于调查人员职业道德缺乏和业务培训不到位所引起的。如在调查中调查人员有意诱导被调查者，干扰其正常的判断；在调查中提出了错误的、不能针对调查内容的问题或记录错误的数据等。

（四）抽样误差

这是由抽样的随机性造成的，是用样本统计量估计总体参数时出现的误差，反映了各样本之间存在着一定的非同质性。只有在概率抽样中才会涉及这种数据误差。这种误差不可避免，但可以采用有效的抽样方式和估计方式等人为控制手段来减少误差，如分层抽样的估计精度高于简单随机抽样的。在有辅助信息的条件下，比率估计、回归估计也可以有效地减少抽样误差。当然还可以通过增加样本数量来减少误差。

（五）被调查者误差

这是被调查者没有提供准确、真实的数据造成的。这通常是被调查者由于问卷或自身原因对调查问题的理解有误、有意隐瞒、向调查人员提供虚假信息等因素导致的。

（六）测量误差

这是由于测量工具不准确而造成的计量误差。

以上六种数据误差中，抽样误差是只在概率抽样中涉及的问题，抽样误差随样本量的增大而减小，且可以计量并且能够通过抽样方式和样本量加以控制；其余五种数据误差则与抽样的随机性误差无关，也叫非抽样误差，它们可以存在于各种类型的调查方式中，这些数据误差成因复杂，难以进行计量，随着样本量的增加出现误差的可能性变大。因此对覆盖误差、无回馈误差和测量误差的有效控制对保证数据质量起着决定性作用。

三、统计数据的收集过程

统计数据的收集过程有以下三个步骤：

（一）收集调研数据的用途

一般来说，收集调研数据的用途可以分为以下三类：

第一，探测性调研。收集初步的数据，用以揭示一些现象，其通常是在对研究对象缺乏了解的情况下，需要受访者回答"有没有""是不是"等问题时进行的研究。

第二，因果性调研。因果性调研就是测试因果关系，通常是在对研究对象有相当程度了解的情况下，需要受访者回答"为什么""相互关系如何"等问题时进行的研究。对于因果性调研，利用观察和实验法来收集所需数据最合适。

第三，描述性调研。描述性调研也就是做定量描述，通常是在对研究对象有一定了解的情况下，需要受访者回答"怎么样""是什么"等问题时进行的研究。例如：某家电商场在周日的顾客流量是多少？多少人购买了该商场的产品？大部分的统计调查所收集的数据，都适用于描述性调研。

（二）制订数据收集计划

计划的制订要贴近现实情况，具备较强的可操作性。同时计划的制订还要十分科学，充分考虑到数据误差问题，流程设计合理，并尽可能将冗余和虚假的信息对正确分析过程的干扰度降至最低。一般来讲，一份完整的数据收集计划应该包括：明确所需数据的来源，即是通过直接渠道还是间接渠道获得数据，同时要考虑这些渠道的可信度、安全性等问题。在选择数据来源时，除了参考之前所说的那些渠道，作为一家商业企业，通过人际关系来收集数据往往也很关键。

对于很多企业来说，由于所需信息量可能很大，因此往往不可能对所有的目标数据源进行收集调查，这就需要按一定的比例从中抽取相当数量并有典型代表性的样本进行研究，也就是说要做好抽样计划，其中必须强调对数据抽样误差的控制。

明确数据来源，即确定调查的方式后，需要利用合适的收集工具与方法（调查方法）从这些渠道收集数据。传统的收集工具一般是问卷、电话、信函等，现代技术的进步为数据收集提供了更为丰富的工具，特别是互联网技术的广泛应用，为数据收集开拓了广阔的空间。因此，企业在制订数据收集计划时，要同时兼顾传统收集方式与现代收集方式两者的优势。

（三）实施数据收集计划

如果企业准备从报纸、杂志、互联网等大众媒体的报道和广告中来收集所需数据，就需要数据收集者有敏锐的洞察力和较强的分析能力，明确调研目的，这样才能根据企业的特定需求，在庞杂、散乱、系统性不强的信息中寻找所需数据，并确保真实性；如果企业通过专业市场调研公司收集整理的"二次文献"来收集数据，那也必须根据自身的调研目的合理地使用这些数据，而不是拿来就用；如果企业准备通过自己的交际圈来收集数据，则要注意与各行各业的人建立良好关系，并用数据库的形式储存从各种企业关系中收集到的数据，从而使零散的信息建立起一定的联系，避免重复收集。

第三节　统计数据的整理、图示与处理

一、统计数据的预处理

数据预处理是在统计分组之前对数据所做的必要处理，包括数据的审核、筛选和排序等。

（一）统计数据的审核

对收集到的各项资料进行严格审核是统计整理的第一步，若发现问题，须及时加以纠正。审核内容主要包括数据的完整性、准确性、时效性和适用性的审核。不同渠道、不同

类型的统计数据在审核的内容和方法上也有差异。

1. 原始数据的审核

原始数据的审核主要是完整性和准确性两方面的审核。其中常用的审核数据准确性的方法有计算检查和逻辑检查。

第一，计算检查。计算检查是从定量的角度审核各项数据的计算口径、计量单位是否符合规定，合计与乘积等计算结果是否正确，主要用于审核数值型数据。例如检查各分项数字之和是否等于相应的合计数，各组频率之和是否等于 100%。

第二，逻辑检查。逻辑检查主要是从定性的角度检查数据是否有悖常理、有无不切实际或不符合逻辑的地方，主要用于审核分类数据和顺序数据。例如一张调查表中年龄是 12 岁，而职业是大学教师，这就不符合逻辑，两者至少有一个是错误的。

2. 二手数据的审核

二手数据的审核应着重审核其时效性和适用性。对于有些时效性较强的问题，有必要对数据的时效性进行审核，如果取得的数据过于滞后，可能就失去了研究的意义；适用性审核主要是检查数据的来源、可靠程度、指标含义、所属时间与空间范围、计算方法和分组条件与规定的要求是否一致，不能盲目地生搬硬套。

（二）统计数据的筛选

数据筛选是指将符合统计整理特定条件的数据保留下，而将不符合条件的数据剔除。数据筛选包括以下两方面的内容：

第一，将某些不符合要求的数据或有明显错误的数据予以剔除。

第二，将符合特定条件的数据予以保留。数据的筛选可借助于计算机自动完成。

筛选命令中有"自动筛选"和"高级筛选"两种。当设定的条件较少时，采用"自动筛选"命令；当设定的条件较多时，采用"高级筛选"命令。"自动筛选"的结果在原有数据区域显示，而"高级筛选"的结果可以在原有数据区域显示，也可以在指定的区域显示。在实际应用中，人们可以利用 Excel 表格的"数据"菜单中的"筛选"命令自动完成数据的筛选工作。

（三）统计数据的排序

数据的排序是按一定的规律把一列或多列无序的数据进行整合排列，使之变成有序数据的过程。排序的目的是更方便地管理、理解数据，从中发现一些明显的特征或趋势，进而找到解决问题的线索，最终做出更有效的决策。排序还有助于对数据检查、纠错，以及为重新归类或分组等提供依据。

在实际应用中，人们可以利用 Excel 表格的"数据"菜单中的"排序"命令自动完成数据的排序工作。需要排序的一组数据必须位于同一列或同一行。在进行数据排序时可以升序或降序，也可以按照单列或多列排序顺序和自定义排序。

1. 分类数据的排序

第一，汉字型数据。可按汉字的首位拼音字母排列，也可按笔画排序，其中也有笔画多少的升序降序之分。

第二，字母型数据。排序有升序降序之分，但习惯上用升序。比如对于以姓名为主要标志的数据资料，可以按照英文字母 A ～ Z 的顺序排列。

2. 数值型数据的排序

对于数值型数据的排序有两种：递增或递减。

第一，递增排序。设一组数据为 $x_1, x_2, \cdots, x_n$，递增排序后可表示为：$x_{(1)} < x_{(2)} < \cdots < x_{(n)}$。

第二，递减排序。排序后可表示为 $x_{(1)} > x_{(2)} > \cdots > x_{(n)}$。例如，对于以学号为标志的数据，可以将学号按照从小到大的顺序排列，也可以按照从大到小的顺序排列。

（四）数据透视表

通过 Excel 表格提供的"数据透视表"工具，可以从繁杂的数据中提取和归纳有用信息，并按使用者的习惯或分析要求进行汇总和作图，形成一个符合需要的交叉表（列联表）。在利用"数据透视表"时，数据源表中的首行必须有列标题。

利用数据透视表分析数据十分灵活。如果要改变分析，建立不同的数据透视表，只需将"数据透视表和数据透视图向导 - 布局"对话框中的"行""列"或"数据"区域中的变量拖出，而将需要的变量拖入，即可得到所需要的数据透视表。

数据经过预处理后，可进一步进行分类或分组整理。不同类型的数据，所采取的处理方式和所适用的处理方法是不同的。一般情况下，品质数据主要进行分类整理，数值型数据则主要进行分组整理。

二、品质数据的整理与图示

品质数据包括：分类数据和顺序数据。

（一）分类数据的整理与图示

1. 分类数据的整理

分类数据本身就是对事物的一种分类，因此，在整理时除列出所分的类别外，还要计算出每一类别的频数、频率或比例、比率，同时选择适当的图形进行显示，以便对数据及其特征有初步的了解。分类数据的整理通常要计算以下指标：

（1）频数

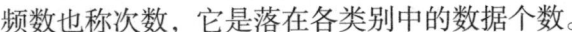

频数也称次数，它是落在各类别中的数据个数。

（2）频率

频率也称比重，是指各类别中的数据个数或次数占全部数据总数的比例，通常用百分比表示。

（3）频数分布

频数分布是把各个类别及其相应的频数全部列出来，并用表格形式表现出来。

（4）比例

比例是一个总体中各个部分的数量占总体数量的比重，通常用于反映总体的构成或结构。

（5）百分比

百分比是将比例乘以100%得到的数值，也称为百分数。

（6）比率

比率是总体中各个不同类别的数值之间的比值。

在对经济和社会问题的研究中，人们经常使用比率。例如经济学中的积累与消费之比、国内生产总值中第一、第二、第三产业产值之比等。比率也可以是同一现象在不同时间或空间上的数量之比，例如将一个地区的国内生产总值同另一个地区的国内生产总值进行对比，反映两个地区的经济发展水平差异等。

Excel表格会把代码视为数值型数据，为了建立频数分布表和条形图，Excel表格要求将每个品牌的代码单独作为一列，再在另一列写代码上限。Excel表格对代码数值小于或等于每一品牌代码的数据进行计数。这样得出来的合计数就是各个品牌的频数分布。

2.分类数据的图示

若用图形来显示频数分布，就会更形象和直观。统计图的类型有很多，如可以绘制二维平面图，还可以绘制三维立体图。图形的制作均可由计算机来完成。分类数据的图示方法包括条形图、柱形图、饼图等。若两个总体或两个样本的分类相同，且问题可比时，还可以绘制环形图。

（1）条形图

条形图是把每组数据显示为一个水平条状体，其长度对应于数值，纵坐标表示分组（或分类），横坐标表示频数或频率。如某城市居民关注不同类型广告的人数分布。

（2）柱形图

柱形图是把每组数据显示为一个垂直柱状体，其高度对应于数值，横坐标表示分组（或分类），纵坐标表示频数或频率。如不同牛奶品牌的频数分布。

（3）饼图

饼图又称为圆形图，是用圆形和圆内扇形的面积来表示数值大小的图形，主要用于表示总体中各组成部分所占的比例，对研究结构性问题十分有用。如不同牛奶品牌的构成。

（二）顺序数据的整理与图示

分类数据的整理方法，如频数、比例、百分比、比率等，也都适用于对顺序数据的整理。除了可使用以上整理技术外，对顺序数据还可以计算累积频数和累积频率（百分比）。

1. 顺序数据的整理

累积频数就是将各类别的频数逐级累加起来得到的频数。累积频率或百分比就是将各类别的百分比逐级累加起来得到的频率或百分比。频数的累积方法有两种：向上累积与向下累积。

（1）向上累积

向上累积是从类别顺序的开始一方向类别顺序的最后一方累加频数（数值型数据则是从变量值小的一方向变量值大的一方累加频数）。

（2）向下累积。

向下累积是从类别顺序的最后一方向类别顺序的开始一方累加频数（数值型数据则是从变量值大的一方向变量值小的一方累加频数）。

2. 顺序数据的图示

（1）累积频数分布图

根据累积频数或累积频率，可以绘制累积频数分布图或累积频率图。如某班级学生对某教师的评价的累积频数分布。

（2）环形图

环形图中间有一个"空洞"，总体或样本中的每一部分的数据用环中的一段表示。环形图可以同时描述多个总体或样本的数据系列，每一个总体或样本的数据系列为一个环。

三、数值型数据的整理与图示

分类数据和顺序数据的整理方法，均适用于对数值型数据的整理。但数值型数据的一些特定的整理方法并不适用于分类数据和顺序数据。对数值型数据进行整理时通常是进行分组，数据分组的主要目的是观察数据的分布特征。

（一）数据分组

数据分组是根据社会经济现象的特点和统计目的与要求，按照一定的标准把总体划分为若干不同性质的组别。数值型数据的分组方法有两种：单项式分组和组距式分组。

1. 单项式分组

单项式分组是把每一个具体的变量值（标志值）作为一组，形成单项式变量数列。单项式分组一般适用于离散型变量且变量变动范围不大的情况。

2. 组距式分组

组距式分组是将全部变量依次划分为若干个数值区间，每一个数值区间为一组，每组有多个变量值。组距式分组一般适用于连续型变量或者变动范围较大的离散型变量。按总体内各组组距是否完全相等，组距式分组分为等距分组和异距分组两种。组距为一个组的上限与下限的差。其中下限为一个组的最小值；上限为一个组的最大值。

（1）等距分组

等距分组是变量值（标志值）在各组保持相等的组距，即各组的标志值变动都限于相同的范围内。凡是标志值变动比较均匀的情况，都可采用等距分组。等距分组便于进行统计分析，特别是在绘制统计图及进行各类运算方面。等距分组比较常用，其分组的过程有五步：计算全距，确定组数，确定组距，确定组限，编制频数分布表。

根据数据分组，必须遵循穷尽原则和互斥原则。

①穷尽原则。穷尽原则就是使总体中的每一个单位都应有组可归，或者说各分组的空间足以容纳总体所有的单位。②互斥原则。互斥原则就是在特定的分组标志下，总体中的任何一个单位只能归属于某一组，而不能同时或可能归属于几个组。

具体确定组限时应注意两个细节：第一，正确使用组限类型。组限有两种类型：间断式组限和连续式组限。第二，若全部数据中的最大值与最小值跟其他数据相差悬殊时，可使用开口组形式。在组距分组中，如果全部数据中的最大值和最小值与其他数据相差悬殊，为避免出现空白组（没有变量值的组）或个别极端值被漏掉，第一组和最后一组可以采取"××以下"及"××以上"这样的开口组。开口组通常以相邻组的组距作为其组距。

（2）异距分组

异距分组又称不等距分组，指总体各单位变量值的大小呈现不均匀变化，即组距不相等。对于异距分组方法的运用，没有固定模式可供依循，关键在于根据现象的本质特征和统计研究的目的任务来确定。例如，学生成绩如果密集于某一范围，如 60 ~ 80 分或 70 ~ 90 分，其他部分则分布十分稀少，在这种场合若仍以 10 分为组距进行等距分组，则无法显示出分布的规律性，会使得这一密集的分数段分布的信息损失过大。因此，合理的做法是，在分布比较密集的区间内使用较短的组距，在其余分布比较稀少的部分使用较长的组距，形成各组的组距不相等的异距分组。

数据分组的最大特点是能显示总体的分布特征，但由于分组使每组的具体变量值抽象化了，所以为了使抽象化的数值具体化，统计上以每组的平均值代表该组所有单位变量值的集中趋势，这个指标称为组中值。

（二）数值型数据的图示

条形图、圆形图、环形图及累积分布图等都适用于显示数值型数据。此外，对数值型数据还有下面的一些图示方法，不过，这些方法并不适用于分类数据和顺序数据。

1. 分组数据——直方图

直方图是用矩形的宽度和高度来表示频数分布的图形。在平面直角坐标中，用横轴表示数据分组，纵轴表示频数或频率，这样，各组与相应的频数就形成了一个矩形，即直方图。

2. 未分组数据——茎叶图与箱线图

直方图主要用于展示分组数据的分布，对于未分组的原始数据则可以用茎叶图和箱线图来显示数据分布。

（1）茎叶图

茎叶图是由"茎"和"叶"两部分组成、反映原始数据分布的图形。茎叶图中的"茎"和"叶"均是由数字组成的。绘制时，首先应把一个数字分成两部分，通常以该组数据的高位数值为"茎"，该数值的最后一位数字为"叶"。绘制茎叶图的关键是确定好树茎。

（2）箱线图

箱线图由一个箱体和两条线段组成，通过它能够将一组数据的五个特征值（最大值、最小值、中位数和两个四分位数）充分展现出来。

3. 时间序列数据——线图

若数值型数据是在不同时间上取得的，即是时间序列数据，则可以绘制线图。线图是在平面坐标上用折线表现数据变化特征和规律的统计图。绘制线图时应注意以下三点：

第一，时间一般绘在横轴，指标数据绘在纵轴。

第二，图形的长宽比例要适当，一般为横轴略大于纵轴的长方形，其长宽比例大致为10：7，图形过扁或过于瘦高，不仅不美观，而且会给人造成视觉上的错觉，不便于对数据变化的理解。

第三，一般情况下，纵轴数据下端应从 0 开始，以便于比较。数据与 0 之间的间距过大，可以采取折断的"//"符号将纵轴折断。

4. 多变量数据的图示——散点图、气泡图与雷达图

在有两个或两个以上变量时，利用一般的点图方法很难反映变量之间的关系。因此，人们研究了多变量的图示方法，其中有二维散点图、三维散点图、气泡图、雷达图、星座图、脸谱图、连接向量图等。以下主要围绕二维散点图、三维散点图、气泡图和雷达图的绘制方法展开论述。

（1）二维散点图

二维散点图是用二维坐标展示两个变量之间关系的一种图形。它用横轴代表变量 x，

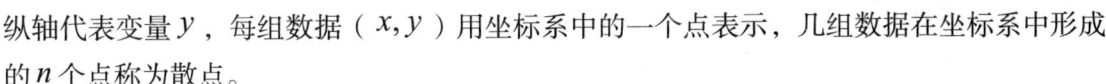

纵轴代表变量 y，每组数据（x, y）用坐标系中的一个点表示，几组数据在坐标系中形成的 n 个点称为散点。

若用折线将每组数据点连接起来，则形成折线散点图；若用平滑线将每组数据点连接起来，则形成平滑线散点图。折线散点图和平滑线散点图用于显示时间序列数据和变量关系的二维数据时与折线图和曲线图的作用完全相同。

（2）三维散点图

当考察三个变量之间的关系时，二维散点图不再适用，这时可以绘制三维散点图和气泡图。

（3）气泡图

气泡图也可以用于展示三个变量之间的关系。它与散点图类似，绘制时将一个变量放在横轴，另一个变量放在纵轴，而第三个变量则用气泡的大小来表示。

（4）雷达图

雷达图是显示多个变量的常用图示方法，也称为蜘蛛图。设有 n 组样本 $S_1, S_2, \cdots, S_n$，每个样本测得 P 个变量 $X_1, X_2, \cdots, X_p$，要绘制这 P 个变量的雷达图，其具体做法是：首先画一个圆，然后将圆 P 等分，得到 P 个点，令这 P 个点分别对应 P 个变量，再将这 P 个点与圆心连线，得到 P 个辐射状的半径，这 P 个半径分别作为 P 个变量的坐标轴，每个变量值的大小由半径上的点到圆心的距离表示，再将同一样本的值在 P 个坐标上的点连线。这样，n 个样本形成的 n 个多边形就是一个雷达图。

四、Excel 表格的数据整理

（一）利用 Excel 表格做实验的目的

实验的目的主要有以下四个：

第一，掌握利用 Excel 表格中的"排序"命令对数据进行预处理的方法。

第二，掌握利用 Excel 表格中的"自动筛选"和"高级筛选"命令对数据进行预处理的方法。

第三，掌握利用 Excel 表格中的"图表向导"和"直方图"工具制作频数和频率组合图（直方图与折线图的组合）的方法。

第四，掌握利用 Excel 表格中的"FREQUENCY"函数进行数据分组整理的方法。

（二）实验资料与要求

1. 实验资料

某企业 50 名工人的月产量资料如表 3-1 所示。

表 3-1　某企业 50 名工人的月产量

A	B	C	D	E	F	G	H	I	J
146	176	198	227	298	137	173	194	222	267
140	175	196	224	282	129	164	188	211	255
135	171	191	219	260	126	162	186	209	252
122	160	184	204	243	117	159	183	203	237
100	153	191	201	229	112	157	181	203	232

2. 实验要求

实验有以下五个要求：

第一，用 Excel 表格对原始数据按照从小到大进行排序。

第二，用 Excel 表格从原始数据中筛选出 ×××××× 的数据。

第三，用 Excel 表格以组距为 ×× 进行等距分组，并整理成频数分布表。

第四，用 Excel 表格绘制出频数和频率组合图（直方图和折线图的组合）。

第五，用 Excel 表格分别绘制气泡图、雷达图、箱线图。

（三）实验的步骤与结果

1. 输入数据

在 A1 中输入标题"原始数据"，然后把 50 名工人的月产量资料输入工作表 A2：A51 单元格中。

2. 用 Excel 表格进行数据排序

第一步，在 B1 中输入标题"排序结果"；将原始数据复制到 B2：B51。

第二步，选择待排序的数据区域：B2：B51。

第三步，执行排序命令。单击"数据"菜单中的"排序"命令，在弹出的"排序"对话框中进行设置。

第四步，显示排序结果。单击"确定"按钮后即可得到排序结果。

3. 用 Excel 表格进行数据筛选

第一步，输入筛选条件。在 C1 中输入标题"筛选条件"，在 C2 中输入"原始数据"，在 C3 中输入"＜ 150"。

第二步，执行高级筛选命令。单击"数据"菜单中的"筛选"命令的"高级"子命令，在弹出的"高级筛选"对话框中进行设置。

第三步，显示筛选结果。单击"确定"按钮后，即可得到筛选结果。

4. 用 Excel 表格进行统计分组

统计分组一般是利用 "FREQUENCY" 函数。利用 "FREQUENCY" 函数进行统计分组的操作方法有以下三步：

第一步，输入分组条件。在 E1 中输入列标题 "分组"，在 E2 ：E8 中输入分组区间；在 F1 中输入列标题 "组上限"，在 F2 ：F8 中输入各组上限。

第二步，调用 "FREQUENCY" 函数。选定 G2 ：G8 单元格，插入 FREQUENCY 函数，输入所需参数。

第三步，按 "Ctrl+Shift+Enter" 组合键，显示分组结果。

五、统计表的设计及其注意事项

（一）统计表的设计结构

统计表是用于显示统计数据的最基本的工具。在数据的收集、整理、描述和分析过程中，都要使用统计表。许多杂乱的数据，既不便于阅读，也不便于理解和分析，但将其整理在一张统计表内，就会使这些数据变得一目了然、清晰易懂。充分利用和绘制好统计表是做好统计分析的基本要求。

统计表一般由四个主要部分组成，即表头、行标题、列标题和数字资料，必要时可以在统计表的下方加上表外附加。行标题和列标题通常安排在统计表的第一行和第一列，它们所表示的主要是所研究问题的类别名称和指标名称，通常也被称为 "类别"。如果是时间序列数据，行标题和列标题也可以是时间，当数据较多时，通常将时间放在行标题的位置。表的其余部分是具体的数字资料。表外附加主要包括资料来源、指标的注释和必要的说明内容。

统计表的形式多种多样，根据使用者的要求和统计数据本身的特点，可以绘制成形式多样的统计表。由于使用者的目的以及统计数据的特点不同，统计表的设计在形式和结构上会有较大差异，但设计的基本要求是一致的。总体上看，统计表的设计要求有简练、明确、实用、美观、便于比较等。

（二）统计表表式设计的注意事项

统计表表式设计应注意以下四项：

第一，统计表应设计成由纵横交叉线条组成的长方形表格，长与宽之间保持适当的比例。

第二，合计栏的设置。统计表各纵列须合计时，一般应将合计栏列在最后一行；各横行须合计时，可将合计栏列在最前一列或最后一列。

第三，栏数的编号。如果栏数较多，应当按顺序编号，习惯上主词栏编以"甲乙丙丁……"序号，宾词栏编以"（1）（2）（3）……"序号。

第四，线条的绘制。表的上下两端应以粗线绘制，表内纵横线以细线绘制；表格的左右两端一般不画线，采用"开口式"。

（三）统计表内容设计的注意事项

统计表内容设计应注意的事项有以下四个：

第一，表头（总标题）的设计。无论是总标题，还是横栏、纵栏标题，都应简明扼要，简练而又准确地表述出统计资料的内容及所属的时间或空间范围，即标题内容应满足"3W"要求：统计数据的时间（When）、地点（Where）以及何种数据（What）。

第二，计量单位。统计表必须注明数字资料的计量单位。当全表只有一种计量单位时，可以把它写在表头的右上方；如果表中各栏的指标数值计量单位不同，可在横行标题后添一列计量单位。

第三，指标数值。表中数字应填写整齐，对准位数。当数字本身为 0 或因数字太小而忽略不计时，可填写"0"；当缺某项数字资料时，可用符号"……"表示；不应有数字时用符号"—"表示。如品质标志值的合计项目栏就应用"—"表示。

第四，表外附加的设置。为保证统计资料的科学性与严肃性，在统计表下方应注明资料来源，以示对他人劳动成果的尊重，以备读者查阅使用。必要时，在统计表下方加注说明。

第四节 统计数据深化价值挖掘与运用

一、统计数据深化价值挖掘与运用的困境与前沿发展

（一）统计数据深化价值挖掘与运用的困境

目前，随着经济社会的发展，市场经济主体日趋多元化，统计数据的分析挖掘越来越重要，统计数据的深度和准确度直接影响分析研究和决策的权威性和公信力。随着计算机网络技术的不断更新换代，现代统计数据呈现大数据的特性，现有系统体制存在着一些问题，具体体现为以下四个方面：

第一，统计信息单一，单一站点功能相对固定，数据碎片化严重。

第二，未能从系统层面对数据进行采集和存储，数据间的关联性不强，无法展开关联分析，数据中蕴含的信息无法被充分挖掘。

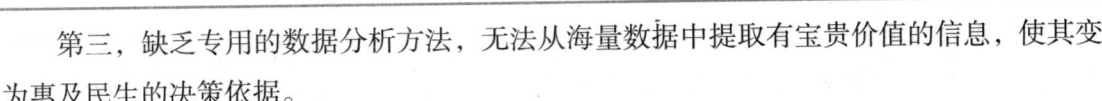

第三，缺乏专用的数据分析方法，无法从海量数据中提取有宝贵价值的信息，使其变为惠及民生的决策依据。

第四，缺乏海量数据的存储与分析架构，无法实现海量数据的高效处理与分析。

（二）统计数据深化价值挖掘与运用的前沿发展

当前，面对网络中海量的数据流，一些国家开始推动对海量统计数据处理技术的研究，例如大数据技术、云计算等。从统计数据的准确性、经济性、保密性、相关性、时效性、数据详细程度等多个维度进行衡量和评估，对统计数据生产全过程进行考量和评价。

在国外，信息技术在数据统计领域的发展程度较高。统计产品与服务解决方案（Statistical Package for the Social Science，SPSS）是最早出现的专业统计软件之一，在世界范围内得到了广泛的应用。SPSS具有功能齐全、操作简单的优点，而且支持对统计数据的自动绘图，能够便捷地对数据进行深入分析，在业界得到了高度评价与赞扬。Statistical Analysis System（SAS）是一个比较成熟的大型集成信息系统，数据的统计分析功能是其核心功能，强大的数据统计分析能力使其被广泛地用于决策支持。正是由于其功能的强大，SAS被视为标准统计软件。但SAS主要针对高级用户，用户界面的专业性较强，使用方法复杂，SAS的编程语言较难掌握，用户通常需要经过一定的训练才能使用。

在国内，近年来通过网络采集统计数据的确大大提高了数据采集效率，减少了人为失误，对于传统数据采集方式而言是极大的进步。国家统计局要求从统计的准确性、及时性、可比性、一致性、适用性、可获得性和经济性七个方面对统计数据的生产全过程进行考量和评价，通过抓好各环节的数据管理和控制工作，确保各环节的数据质量符合控制标准。同时，以国家统计局为首的各级政府统计机构、统计研究机构和统计学者，对提高和改进统计数据的质量进行了长期的研究和探索，在统计数据质量的内涵、影响因素、评估与管理以及改进措施方面的研究取得了丰富的成果，但是在统计数据深化价值挖掘方面成果较少。随着国内统计数据采集信息化的不断推进，人们对统计数据采集工作的重要性也有了更清醒的认识，这推动着国内的理论研究不断深入，与国外理论研究的差距也在逐步缩小，并指导国内的统计数据采集信息化朝着健康正确的方向发展。

现代统计数据深化价值挖掘与运用呈现以下两个特点：

第一，随着经济社会的发展及计算机网络技术的不断更新，积累的统计数据体量巨大、种类繁多、无效数据多，同时对系统时效性的要求提高，即要求在极短的时间内发现有价值的信息。

第二，大数据、云计算、深度学习、人工智能等技术在学术界及工业界发展迅速，得到了极为广泛的应用，国内外相关研究机构积极探索以上技术在统计领域的应用，以期提升统计平台的自主性、能动性和智能化水平。

然而在国内，传统统计数据一般由数据管理部门负责管理及信息技术的应用，业务部门负责分析数据的价值，这种分离式的管理方式容易造成业务部门不了解先进的数据分析技术，而数据管理部门在运用数据分析技术分析数据时不了解数据本身的内涵。将先进的信息技术应用到统计分析业务中是发展的必然趋势。

二、新型统计数据分析与挖掘的系统架构与设计

（一）新型统计数据分析与挖掘的系统架构

新型统计数据分析与挖掘的系统架构分为数据采集层、数据存储层、数据分析层、应用层和系统管理层。

1. 数据采集层

数据采集层包括数据采集和数据汇聚接入两个方面。数据采集是指面向业务需求，利用多种统计手段，获取包括工业、农业、第三产业在内的多源数据。利用 ETL 数据仓库技术实现多源异构数据的统一汇聚与接入，构建统计数据中心，为上层分析提供数据支撑。

2. 数据存储层

实现结构化、半结构化及非结构化数据的高效存储与访问。底层为统一的分布式存储文件系统，在其之上构建 NoSQL 数据库（非关系型数据库），通过全局索引、全文索引及组合索引等多种方式实现海量数据多维度的高效检索，为高并发的检索分析提供支撑。

3. 数据分析层

部署分布式执行引擎，提供基础分析工具，集成数据分析环境。底层通过资源管理调度实现集群资源的灵活管理，针对不同业务需求，利用已有或开发的基础分析工具，在分布式执行引擎的支撑下设计业务专用模型。

4. 应用层

调用数据分析层构建的业务专用模型实现不同业务的处理，形成农村统计、工业统计和能源统计等应用软件，为统计数据价值挖掘提供支撑。

5. 系统管理层

实现系统的管理及控制功能，保障系统的可靠高效运行。

（二）新型统计数据分析与挖掘的系统设计

1. 新型统计数据采集的模式

（1）统计数据采集的需求分析

进行统计数据采集的方式多种多样，不同的调查方式和数据上报方式都会影响统计数据的采集方式。调查方式可以分为全面调查、抽样调查和典型调查三种。数据上报方式有网上直报，也有层层审核汇总和超级汇总等。在统计数据采集的过程中，包含四个阶段：

任务布置、数据填报、数据上报、数据审核验收。统计数据采集处理系统必须考虑到不同数据采集方式和不同采集阶段的业务需求。

（2）统计数据采集模式的设计

面对复杂的部门机构层级和数据报送特点，为实现对统计数据的全面描述，面向业务需求，须从系统层面展开数据收集工作，利用多种手段、多种平台的各种设备协同工作、相互补充，最大限度地实现统计数据的全维度采集，保证数据间的关联性，初步具备海量数据采集能力，为后续价值挖掘及深化应用提供数据支撑。

为了方便管理及有效整合统计数据，统计数据采集处理系统需要统一数据采集模式，对所有数据采集单位使用同一套数据统计报表，实现统计数据采集的规范化和科学化管理，减轻基层数据采集人员的工作负担，简化企业上报统计数据的流程，提高统计数据采集的工作效率。

以宏观经济指标体系为核心，对统计元数据进行管理和设计，即元数据管理和规划设计。元数据是描述数据的数据，元数据系统主要由元数据库、统一元数据管理和元数据规划设计组成，是对宏观数据库的元数据进行定义、管理和维护的系统。依据数据存储与共享系统设计的接口规则，按照统一规则模板，通过设备的 ETL（抽取、转换、加载）数据入库的方式接入数据资源服务总线，为后续的分析提供统一的数据视图支撑。

2. 新型统计数据的分布式存储

针对数据平台现有系统以及未来业务发展的建设要求，将统计数据存储系统建成分层次、统一、融合的大数据平台。整个平台从下至上依次是数据接收平台、数据分析平台和数据分析应用。其中，数据接收平台用来接收内部系统的业务数据及附件数据，并进行解析处理；数据分析平台用来进行数据存储并为各地分支机构提供统一的数据查询分析服务；数据分析应用通过数据分析平台的数据访问层来访问数据分析平台。数据分析平台又分为数据访问层和数据处理层。其中，数据访问层提供了统一访问调度功能，包括接口统一调度、引擎统一调度和统一应用管理等功能；数据处理层提供数据存储和数据计算的功能，该层按照业务和数据特点，又分为数据缓存区、数据分析区和数据处理区。

考虑到业务的连续性和系统的安全可靠性，整个数据分析平台从架构上采用"主从双活"机制，即主数据分析平台和备数据分析平台，两个平台间通过高效接口进行数据互通。平时是主数据分析平台对外提供数据的查询、分析等访问服务，并实时与备数据分析平台进行数据同步；当发生故障时，通过数据分析应用的负载均衡进行主数据分析平台和备数据分析平台的切换。这两个数据分析平台分别部署在同城异地的两个不同的机房中。

3. 新型统计数据高效挖掘的过程

统计数据的高效处理架构有以下四个方面：

第一，在明确统计业务的目标后，从统计数据仓库中收集与统计分析任务相关的数据，并对数据进行检查以确认数据的质量，然后将各种数据集成数据集。

第二，利用统计领域的专业知识对数据集中的不一致、不精确、重复和不完整的脏数据进行清洗，包括数据合成、数据合并、数据离散化及数据格式化等子任务，使最终的数据更加适合数据挖掘。

第三，选择合适的算法并设置该算法的参数进行模型训练，如果结果符合预期，可使用知识表示和可视化技术，向统计专业用户显示得到的知识，帮助统计专业用户理解发现的模式。

第四，决策人员根据获得的模式制定相关的业务决策。

整个过程是一个不断迭代、逐步求精的过程。

为实现数据高效处理，须采用 Map Reduce（是一种编程模型，用于处理大规模数据集的并行运算）、Spark（是专为处理大规模数据而设计的快速、通用的计算引擎）等大数据处理框架；为提高算法性能，须结合深度学习等先进技术。

4. 新型统计数据知识的生成

大数据技术将各类型统计数据整合起来，突破数据壁垒，形成统一的数据视图。基于对目标的多维度全方位描述，利用大数据分析中的分类、回归、聚类、关联分析等技术手段，从多个角度展开对目标数据的深度挖掘。

第一，分类。利用神经网络、决策树、遗传算法等分类算法，将目标数据按照特征参数进行分类。

第二，回归。利用回归分析方法分析数据间的统计关系，揭示其中的关系变化，如同一行业不同时间段数据的变化等。

第三，聚类。利用聚类分析方法对相似或相同的数据通过有任务需求的聚合和分类，如根据时间或地域属性对目标进行聚类，实现某一时间或地域内目标的聚集特性分析等。

第四，关联分析。关联分析用于发现变量之间、数据集或其中一部分的特征值之间的相关性，以挖掘统计数据的特征值之间的潜在关系，如揭示个体目标及群体目标的行为关系及规律。

5. 新型统计数据可视化的分析

掌握巨量的统计数据并不意味着有更多的统计价值，因为巨量的统计数据里包含了大量没有价值的垃圾数据，如何从巨量的数据里筛选和处理有价值的数据成为在大数据时代人们面临的一个新的难题。大数据可视化分析技术能帮助人们更好地管理和分析统计数据，发掘数据的隐藏价值。

统计数据可视化针对的是数据仓库中的数据，这些数据具有严谨的数据格式。对于这些数据，计算机能够很快处理并清晰地展现数据之间的结构关系。数据可视化的主要步骤包括获取数据、分析数据、过滤数据、挖掘数据、展示数据、数据总结和人际交互，具有交互性、多维性、可视性等特点。其主要技术包括几何技术、面向像素技术、图标技术、分布式技术等。

统计数据可视化可分为统计信息可视化和统计计算可视化。

统计信息可视化是通过人类的视觉能力理解抽象信息，加强人类的认知活动。这要借助计算机与人之间交互信息的信息传递技术。信息可视化处理的数据都具有一定的数据结构，并且都是抽象数据，如视频信息、图像信息、文字信息等。处理这些数据时，先对数据进行描述，再用可视化方法对其进行呈现，最后用特征提取、优化等技术对其进行信息处理。

统计计算可视化利用计算机图形学、图像处理技术来展示统计数据。以往的可视化算法包括颜色映射方法、网格序列法、网格无序法、光线投射算法、线积分卷积法和点图标法等。目前，运用较为广泛的是分布式并行可视化算法，这一方法具备一定的可扩展性，随着数据规模的增大能够适应激增的计算节点。具体方法有分布式绘制以及基于GPU（图形处理器）的快速绘制算法等。

第五节　大数据等方法的统计分析应用

一、大数据背景下统计分析的特征

（一）多样性

伴随着社会的不断发展，现阶段的统计分析工作已无法满足社会发展的需要。政府和企业的统计工作必须有所创新，借助大数据的优势，将其与统计分析工作完美融合。这种模式不仅能够减少数据整理时的难度和时间，还能够保证统计分析的多样性，通过文本、表格、图形、动画等形式展现出来，打破传统统计分析工作的单一性。

（二）打破局限性

在传统的统计分析工作中，获取数据信息的途径比较有限，工作人员只能对单一项目进行数据收集和归纳，在某种程度上增加了投入成本。采用大数据思维，优化统计分析的工作模式，可以很好地改变这种现状。智能化的统计分析，不仅能够减少成本，提高统计人员的工作效率，还能打破时间和空间的限制，保证数据的实时性和广泛性，确保统计分析工作更加高效、准确和全面。

（三）确保数据完整

受时效和区域空间的限制，传统的统计分析工作比较片面，数据收集渠道较为单一，导致信息不够精准和完整，统计分析工作出现大量的细节漏洞。利用大数据思维开展统计分析工作，能够从多个方面、多个维度进行数据筛查，通过多元化渠道获取信息，确保数据的全面性和精准性，使最终分析结果能够与工作进展相契合，从而促进社会和企业的全面发展。

二、大数据思维对统计分析的重要性

（一）降低外部因素对统计分析工作的限制

一般情况下，统计分析工作对象主要以政府部门或者企业管理部门为主，通过工作人员对所需资料进行收集和整理，由专业技术人员对数据进行分析，进而为政府或者企业提供数据支持，明确下一阶段的工作目标。传统的统计分析工作，主要由内部的财务管理部门负责，分析工作常会受时间、分析标准、方法、地域等外部因素的限制。为了解决这种情况，管理者可以运用大数据思维对政府和企业所需的资料开展统计分析工作，突破时间和空间的局限性，建立信息化网络平台。实时获取社会上的各种信息，有针对性地进行数据分析，以满足政府或者企业的需求为目标，对不同问题进行综合分析，保证数据信息的科学性和精准性。

（二）提高统计人员的工作效率和工作质量

政府或者企业的统计分析工作，主要以满足自身发展的数据为主。由于所需数据的数量比较庞大，传统的统计工作很难对信息进行全面筛查和排除，工作人员想要整理出科学的数据分析，需要耗费大量的时间和精力，进而增加了统计人员的工作负担。一旦数据分析过程中忽视某个细节，就会直接导致最终结果的不准确，使管理者做出错误的决策。因此，统计分析工作离不开技术支持，大数据思维的应用，能够从本质上改善这些问题。工作人员可以利用大数据平台，通过关键词检索的形式对数据进行筛选，选择符合后期工作的资料。这种统计分析模式不仅能够提高统计人员的工作效率和工作质量，还能够保证统计分析的全面和真实，为社会或者企业的发展提供物质保障，保证工作的开展有章可依，有迹可寻。

（三）数据分析形式多样化

传统的统计分析工作主要以文本的形式展示，在对政府和企业的汇报过程中，统计人员需要耗费大量的时间，在某种程度上加重了工作量，导致工作效率和质量无法得以保障。随着社会经济的不断发展，传统的统计分析工作已无法适应这种节奏，分析工作的难度越来越大。直到大数据时代的到来，为统计分析工作带来了一丝转机。利用大数据思维，统计分析工作的呈现形式开始具备多样性，工作人员可以利用数据库或者线上平台，向上级部门上传数据报告，避免烦琐流程造成的工作量，既能提高工作效率，又能保证数据的时效性。另外，大数据能够实现统计分析的多元化，利用各种信息进行科学分析，帮助政府和企业了解市场中的潜在风险。

三、改善统计分析工作的有效措施

（一）加强对统计分析工作的重视

为了统计工作的顺利开展，工作人员应该加强对统计分析工作的重视，明确自身的工作职能，借助现代化的信息平台，从不同角度分析数据，结合企业的发展现状，为决策者提供精准的数据报告。根据市场的变化情况，合理预测各项指标的完成趋势。实时监控经营状态，一旦出现问题，及时做出修改和调控。拓宽统计分析的工作范围和视角，利用大数据思维进行全方位、多层次的统计分析工作。同时，统计人员应认识到统计分析工作的重要性，严格要求自己，认真规范地开展统计工作，做好每一项数据的记录和整理，尽可能保证所收集信息的可靠和真实。

（二）结合企业实际开展统计分析工作

统计分析工作必须围绕现实生活开展，以市场为导向，结合经济发展的实际情况，拓宽统计渠道。针对现阶段的社会热点和难点，做出全面系统的数据整合，分析适合企业发展的有利因素，定期展开项目研究讨论会，对数据报告进行分析和探讨。明确统计目标和任务！将统计分析落实到各个部门。

（三）转变统计分析模式，增加数据的可靠性

为了适应社会经济的发展趋势，企业需要转变统计分析模式，从生产经营的角度出发，结合企业的发展现状，采用定性与定量相结合的统计方法。利用信息技术平台，构建信息数据库，拓宽数据统计的宽度和深度，提高统计分析的效果和质量。利用网络平台进行数据统计前，检验数据的真实性，弄清数据的逻辑关系和内在规律，保证资料的政策性和实时性，以权威平台为主，使统计分析更加可靠。

四、大数据思维在统计分析中的应用范围

（一）关于国民就业率和失业率的应用

国民就业率和失业率是反映社会发展情况的重要因素。运用大数据思维对国民就业率和失业率进行统计，能够直接展现国民整体的生活现状。在传统的统计模式里，基本以毕业生增长的幅度和社会劳动力供求变化为主，对相关数据加以推理分析，这种统计方式会因为区域的差异性出现较大的误差。现阶段，大数据思维在国民就业率和失业率的统计工作中应用，能够很好地弥补这一缺陷。统计人员利用大数据对各个单位的就业和失业情况进行实时监控和记录，智能化筛选和分析有用的数据，及时做出政策调整，保证各岗位能够人尽其才、物尽其用。同时，对各项数据细致研究，使统计工作逐渐简洁化、智能化和规范化，从而更好地为相关政策提供数据支持。

（二）关于国民经济发展现状的应用

国家政策要求各单位需要对每个月、每个季度、每年做出详细的统计工作，分析经济指标的变化趋势，制定科学合理的战略目标。比如，各地市的 GDP 指数、恩格尔系数、工业企业经济指标、进出口货物的供求变化等。大数据思维的应用，让相关部门能够利用统计数据分析出国民经济的发展现状，将各个组织机构的数据进行整合和分类，大大缩短了统计的周期，优化了统计工作中的细节，降低数据出现误差的概率。工作人员随时随地监控经济变化的趋势，为有关部门提供准确有效的数据，以便管理者做出适合经济发展计划的决策，为国家的可持续发展积蓄力量。

（三）关于人口分布情况的应用

受不同区域、不同政策、不同地形的影响，关于人口分布情况的统计工作存在一定的难度。传统的人工统计方式，需要耗费大量的人力、物力、财力，投入较多的时间和金钱，哪怕是这样，人口分布情况的统计也会因为外界因素的干扰，无法保证数据分析的质量和效率，最终导致统计结果缺乏完整性、准确性和真实性，影响政府各项工作的顺利开展。由于人口分布数据统计工作量十分庞大，相关部门基本按照各省市分组模式同步进行，采用"走访式"模式进行对常住人口的统计，这种模式极易受时间和空间的限制，从某种程度上加剧统计人员的工作量和工作难度。伴随着科学技术的提高，大数据思维改变了这种现状，大数据思维的应用，能够利用线上平台对人口分布情况进行统计和分析，拉近各部门之间的联系，明确统计过程中的细则和内容，拓宽资料收集的渠道，按照区域情况开展有针对性的统计工作。在数据信息统计结束后，合理地分类和归纳，将各地区的人口分布情况上传至数据平台，避免烦琐工作流程造成的误差，实现资源的有效共享。同时，大数据思维能够优化统计报告的多样性，将具体的文本资料转化成具备直观性的图表形式，使人口分布情况能够一目了然，利用线上平台记录网登人数，精准分析人口分布的男女比例、年龄大小、地域差异等情况，预估出不同区域人口的文化程度和消费水平，保证国民人口分布情况的统计分析工作更加全面和真实。

（四）关于审计数据信息的应用

大数据思维关于在审计数据信息方面的应用，可以从以下三个方面开展统计分析工作：第一，关于审计数据信息的保存和获取，有关部门应该根据所需的数据情况，合理部署采集方案，在科学压缩的基础上实施线上传输，保证统计分析工作的便捷性。同时，拓宽采集和储存的渠道，通过建立线上管理平台或者数据库，对统计分析资料加以管理。建立健全风险系统，防止审计数据的统计资料出现篡改和丢失的情况，确保关键性数据得到完整的保存。第二，提高审计数据管理人员的工作效率。大数据思维的应用，为工作人员提供了现代化技术支持，转变原有模式中复杂的汇报流程。工作人员利用智能化设备进行审计数据的分析，提升了反馈的速度和效率，使数据具备精准性和时效性。第三，对历史数据进行整合和统计。基于大数据思维的审计数据统计工作，现代化的分析系统能够实现对历史数据的回溯，建立起新旧数据资料的联系，实现对审计信息的高效管理和监督，充分发挥统计分析对审计工作开展的重要意义。

（五）关于医疗卫生领域的应用

国家相关部门关于卫生领域对大数据思维的应用，简化了医疗数据统计分析的工作流程，降低了统计人员的工作量，提高了统计分析的完整性和全面性。在以往的医疗卫生数据统计中，工作人员需要到各个医院和药店走访调查采集数据，初步了解不同区域的医院和药店的发展情况，分析不同地域与疾病种类的联系。由于全国各地的人口分布不一，各种外界因素限制了信息数据的获取，无法全面掌控各区域医院和药店的卫生医疗信息，导致统计分析的数据缺乏完整性和准确性。另外，医院和药店每天都会生成大量的数据，机构自身需要对信息进行梳理和整合，继而为有关部门提供相关的数据信息，导致统计分析的工作周期变长，影响了医疗卫生数据统计分析的时效性。在大数据时代，各医院和药店的信息数据只会与日俱增。因此，大数据思维的应用至关重要，它能够打破空间和时间对统计工作的限制。通过线上平台对各区域的医院和药店实时监控，利用信息共享对相关数据进行储存和采集，减少不必要的收集工作，大大提升统计人员的工作效率。同时，线上平台获取的卫生医疗数据统计分析，能够对有些疾病提前预防，为国民健康提供基础保障。由此可见，大数据思维对医疗卫生领域的应用，一方面能够提高统计分析工作的完成率，实现各种信息资源的共享；另一方面能够提前预防医疗疾病，保障人民的生命安全。

第四章 抽样调查与抽样推断

第一节 抽样调查与抽样原理

一、抽样法的特点与作用

（一）抽样法的特点

在现实生活中，许多现象总体的数量特征是未知的，统计活动的最终目的就是要认识现象总体的数量特征，而抽样法是实现这一目的的有效方法之一。抽样法是按照随机原则从被研究的现象总体中抽取部分单位组成样本，然后根据对样本观察所获得的统计量推断总体未知参数。抽样法的目的在于借助样本的数量特征估计和检验总体的数量特征，因此，又被称为抽样调查、抽样推断或抽样估计。由于抽样调查是一种非全面调查，只对被研究现象总体中的部分单位进行观察，因此能节省人力、物力、财力和时间，最大限度地体现统计活动的经济效益原则。

作为一种认识客观现象总体数量特征的科学方法，抽样法具有以下四个方面的特点：

1. 根据样本统计量推断总体数量特征

抽样法包括两个重要环节：第一，按照随机原则从被研究现象总体中抽取样本，观察样本单位的实际资料，并据以构造反映样本数量特征的统计量；第二，以科学的抽样理论为依据，用样本统计量对被研究现象总体的数量特征做出估计或推断。

在运用样本统计量推断被研究现象总体数量特征时，可以运用科学的抽样理论和方法计算与控制误差，并保证推断的结果具有一定的可靠性。这一点是其他统计调查分析方法所无法比拟的，也正是抽样法的科学价值所在。

2. 按照随机原则从被研究现象总体中抽取样本

随机原则是指在从总体中抽取样本时，不能夹杂调查者的任何主观意愿，以充分保证被研究现象总体中的每个单位有同等中选的机会。因此，随机原则又称为机会均等原则、

同等可能性原则。严格按照随机原则抽样，就有较大的可能性使所抽取的样本与被研究现象总体具有相同的结构，即样本与总体同分布，从而保证样本对总体有较大的代表性。

3. 随机抽样是一种严格的概率抽样

抽样方法有任意抽样、判断抽样和随机抽样三种。任意抽样和判断抽样属于非概率抽样。其共同特点是样本的抽选不是按照随机原则，而是根据主观判断进行的，其抽样效果的好坏在很大程度上依赖于抽样者的主观判断能力的高低和经验是否丰富。而且，这种抽样无法计算误差，不能从概率意义上控制误差以保证推断的可靠性。

与非概率抽样不同的是，随机抽样要求严格按照给定的概率抽取样本。需要说明的是，随机并不是"随便"，随机具有严格的科学含义，可以用概率来描述。所以，随机抽样又称为概率抽样。概率抽样可以分为等概率抽样与不等概率抽样。

从严格意义上说，抽样法是以一定的概率按照随机原则抽取样本，使被研究现象总体中的每一个单位具有相同被抽中的机会，即保证总体中所有可能样本被抽中的概率都相等。这样，才有可能计算抽样误差，这也是抽样推断的先决条件。

4. 抽样误差可以事先计算并加以控制

采用抽样法，根据不同的样本资料计算出某一统计量的值不完全相同，因此，根据某一特定样本的统计量推断总体数量特征时会存在一定的误差。在随机抽样法下，样本是按随机原则抽取的，这种误差的大小可以事先运用科学的方法加以计算，之后采取一定的组织措施将其控制在一定范围内，以保证抽样推断的结果达到一定的可靠程度。

（二）抽样法的作用

抽样法在社会经济统计中发挥着非常重要的作用，主要表现在以下五个方面：

第一，由于某些现象本身性质的限制，我们无法通过全面调查来了解全貌，只能采用抽样法。这里有两种情况：一种情况是被研究现象总体是无限总体，不可能对其所有单位进行全面观察；另一种情况是观察或测试是破坏性或损耗性的，例如，测试一批显像管的寿命、观察一批种子的发芽率、测试一批炸弹的杀伤能力等，无法对全部产品都逐一加以检查和试验直至破坏，只能采用抽样观察法。

第二，对某些现象，理论上虽然可以进行全面调查，但实际上是办不到的，或是为了提高调查的效率，就应采用抽样法。由于抽样法只对这些现象总体中的一小部分单位进行调查，与全面调查相比，可以大大节约花费在调查、整理等方面的人力、物力、财力和时间，有效提高统计调查的经济效益和时效性。例如，了解职工家庭生活状况，从理论上讲，可以进行全面调查，但是调查的范围太大，单位太多，而且要全面调查每个职工家庭的收支情况也是难以做到的。

第三，将抽样法与全面调查结合运用可补充和修正全面调查的资料。全面调查涉及范围广，参加人员多，工作量大，发生登记性误差和计算性误差的可能性大，资料的准确性易受影响。因而，往往在全面调查（特别是普查）完毕后，抽取部分单位重新进行调查，以其结果来修正原来调查所得到的资料。将抽样调查的资料与全面调查的资料进行对照、比较，计算其差错比率，并据以对全面调查的资料加以修正，进一步提高全面调查资料的准确性。

第四，抽样法可以用于产品质量检验和生产过程的质量控制。对产品生产工艺过程各个环节生产成果的抽样检查，观察整个生产过程是否正常，判断是否存在系统性偏差，及时提供有关信息，便于采取措施，预防不合格产品发生。

第五，可以运用抽样法对现象总体的某种假设进行检验，以判断其真伪。例如，新教学法的采用，新工艺、新技术的推广，新医疗方法的使用等。这些情形需要对未知的或不完全知道的总体事先做出一些假设，然后运用抽样法，根据实验资料对所做假设进行检验，做出判断，决定取舍。

二、抽样法的几个基本概念

（一）总体与样本

1. 总体

总体也称为全及总体或母体，是所要研究的客观现象的全体。总体是由许多具有某种共同性质的单位组成的，是许多具有同一性质的单位的集合体。

反映总体规模大小的总体单位数通常用 N 表示。

对于一个总体来说，如果需要研究的标志是品质标志，则该总体称为属性总体，如反映产品质量状况的产品总体；如果需要研究的标志是数量标志，则该总体称为变量总体，如研究工业企业经济效益时使用的工业企业总体。总体可以是有限的，即由有限总体单位组成；也可以是无限的，即总体中包含无限多个单位。在抽样调查中，可以根据研究的目的与要求，将无限总体处理成有限总体，以便从中抽取样本。

2. 样本

样本又称为抽样总体或子样，是由按照随机原则从全及总体中抽取出的部分单位所组成的集合体。样本是抽样观察的对象。抽样法就是通过对样本的调查，构造出一定的样本统计量，据以估计总体的未知参数。

反映样本规模大小的样本单位数称为样本容量，通常用 n 表示。相对于总体单位数 N 来说，样本容量 n 是个很小的数。一般来说，$n \geq 30$ 时，称为大样本；$n < 30$ 时，称为小样本。对社会经济现象进行抽样调查时，一般抽取大样本；对自然现象进行实验观察时，多取小样本。

样本容量 n 与总体单位数 N 之比称为抽样比，一般用 f 表示，即：

$$f = \frac{n}{N}$$

（二）参数与统计量

1. 参数

参数也称为全及指标，能够反映总体的某种属性，根据全及总体各个单位的变量值计算。全及总体是唯一确定的，所以其参数也是唯一确定的值，且由总体各单位的标志值或标志属性决定。参数一般是未知的。一个总体常常有多个参数指标，这些参数指标从不同角度反映了总体分布的基本状况和主要特征。在抽样推断中，常用的需要估计的参数指标有全及总体平均数、全及总体成数和全及总体方差、全及总体标准差。由于变量总体与属性总体具有不同的特点，因而其参数的表现形式也存在差别。

对于变量总体，需要估计的参数是总体中各单位某一数量标志值的算术平均数，即总体平均数，通常用 $\overline{X}$ 表示，其计算公式为：

$$\overline{X} = \frac{X_1 + X_2 + \cdots + X_N}{N} = \frac{\sum\limits_{i=1}^{N} X_i}{N}$$

总体标准差和总体方差是测度总体变量值分散程度的指标。若用 σ_X^2 表示总体方差，用 σ_x 表示总体标准差，则：

$$\sigma_X^2 = \frac{\sum\limits_{i=1}^{N}\left(x_i - \overline{X}\right)^2}{N}$$

$$\sigma_X = \sqrt{\frac{\sum\limits_{i=1}^{N}\left(x_i - \overline{X}\right)^2}{N}}$$

对于属性总体，需要估计的参数是总体中具有某种特征的单位数在总体单位总数中所占的比重，即全及总体成数，也称总体成数，一般用英文大写字母 P 表示。设总体单位数为 N，其中有 N_1 个单位具有某种特征（所要研究的某种标志表现），N_0 个单位不具有某种特征，可知，$N_1 + N_0 = N$。若用 P 表示总体中具有某种特征的单位数所占的比重，q 表示总体中不具有某种特征的单位数所占的比重，则有：

$$P = \frac{N_1}{N}$$

$$q = \frac{N_0}{N} = \frac{N - N_1}{N} = 1 - P$$

假设总体单位中具有某种特征的量用数值 1 表示，不具有某种特征的量用数值 P 表示，则总体方差和总体标准差分别为：

$$\sigma_X^2 = P(1 - P)$$

$$\sigma_x = \sqrt{P(1 - P)}$$

2. 统计量

统计量也叫抽样指标，是反映样本某种属性的综合指标，根据抽样总体各个单位的变量值计算。统计量不是一个确定的值，而是随样本变化而变化的随机变量。在抽样法中，统计量既表示了样本总体本身的分布状况和特征，又在一定程度上反映了全及总体的分布状况和特征，是总体参数的估计量。统计量应当与参数相对应，常用的统计量包括样本平均数、样本成数和样本方差、样本标准差等。

对于变量总体，需要构造的统计量有样本平均数、样本方差和样本标准差。样本平均数用英文小写字母 X 表示，样本方差和标准差分别用小写字母 s_x^2、s_x 表示。其计算公式为：

$$\overline{x} = \frac{x_1 + x_2 + \cdots + x_n}{n} = \frac{\sum_{i=1}^{n} x_i}{n}$$

$$s_x^2 = \frac{\sum_{i=1}^{n} \left(x_i - \overline{x} \right)^2}{n - 1}$$

$$s_x = \sqrt{\frac{\sum_{i=1}^{n} \left(x_i - \overline{x} \right)^2}{n - 1}}$$

对于属性总体，需要构造的统计量有样本成数及样本方差、样本标准差。样本成数用英文小写字母 p 表示，样本方差和样本标准差分别用英文小写字母 s_x^2, s_x 表示。假设样本总体为 n，样本总体中具有某种特征的单位数为 n_1，则有：

$$p = \frac{n_1}{n}$$

$$s_x^2 = p(1 - p)$$

$$s_x = \sqrt{p(1 - p)}$$

（三）抽样误差

1. 统计误差的定义及种类

统计资料的准确性是统计的"生命"。但是，由于调查的组织技术、业务水平、思想作风、工作态度及抽样调查中用部分单位的资料估计总体等因素的影响，通过统计调查所获取的资料往往与客观实际之间存在一定差异，这种差异称为统计误差。统计误差主要有两类，一类是调查误差，另一类是代表性误差。

调查误差是在调查过程中由于观察、测量、登记、计算等方面的失误所导致的误差。

代表性误差是由抽样方法本身产生的误差。其原因来自两个方面：一方面是违反抽样的随机原则，有意识选择较好或较差的单位进行调查，或者在采用等距抽样方法时，抽取样本单位的间距正好与事物本身的周期性变化吻合，导致样本结果不能代表总特征，这种误差是系统的，也被称为系统偏差；另一方面是即使严格按照随机原则抽样，样本统计量与总体参数之间仍然存在差异，这种误差被称为抽样误差。

2. 抽样误差的定义及影响因素

抽样误差是由随机抽样的偶然性引起的样本统计量与总体参数之间的绝对离差。例如，样本平均数与总体平均数之间的绝对离差 $|\bar{x} - \bar{X}|$，样本成数与总体成数之间的绝对离差 $|p - P|$ 等。抽样误差是概率抽样所固有的、无法避免的代表性误差。

在抽样法中，总体参数是未知的，需要用样本统计量加以估计。由于样本统计量是个随机变量，因此抽样误差也是个随机变量。

影响抽样误差大小的因素主要有以下两类：①样本容量的大小。在其他条件不变的情况下，抽样误差的大小与样本容量 n 成反比。一般来说，样本包含的单位数量越多，越能反映总体的数量特征，抽样误差越小；反之，抽样误差就越大。②总体被研究标志的变异程度。在其他条件不变的情况下，抽样误差的大小与总体被研究标志的变异程度 σ_x^2 成正比。

此外，抽样误差的大小还会受抽样组织方式和抽样方法的影响。抽样误差属于可控制的误差，可以通过调整样本容量的大小、选用合适的抽样组织方式和抽样方法进行控制。

3. 抽样平均误差

抽样平均误差是反映抽样误差一般水平的综合指标，是全及总体中所有可能样本的某一统计量与全及总体相应参数的平均离差，亦即所有样本某一统计量的标准差，又称为抽样标准误差。

若以 $\mu_{\bar{x}}$ 代表所有可能样本平均数的平均离差，用 μ_p 代表所有可能样本成数的平均离差，$\bar{x}_i$ 代表第 i 个样本的平均值，p_i 代表第 i 个样本的成数，以 M 代表所有可能样本数目，则从理论上讲，有以下等式：

$$\mu_{\bar{x}} = \sqrt{\frac{\sum_{i=1}^{M}\left(\overline{x_i} - \bar{X}\right)^2}{M}}$$

$$\mu_p = \sqrt{\frac{\sum_{i=1}^{M}\left(p_i - P\right)^2}{M}}$$

抽样平均误差是用来衡量样本统计量对总体参数代表性的重要尺度。在一定的概率保证下，抽样平均误差越小，样本统计量对总体参数的代表性越高。因此，在抽样推断中，用任何一个样本总体的统计量估计全及总体的未知参数时，都要以抽样平均误差作为计算抽样误差的依据。

在使用抽样平均误差判断抽样误差时，需注意以下三个问题：①抽样误差的大小受不同的抽样组织方式和抽样方法的影响。②总体参数 $\bar{X}, P$ 是未知的，上述关于抽样平均误差的计算公式虽然能反映其理论内涵，但在实践中无法应用。③不可能也没有必要对所有可能样本进行统计调查。

因此，在实际工作中，需结合具体的抽样组织方式、抽样方法和抽样分布计算抽样平均误差。

4. 抽样极限误差

抽样极限误差是指样本统计量与总体参数之间抽样误差的可能范围。由于总体参数是一个确定的值，样本统计量是一个随机变量，因此样本统计量的值围绕着总体参数值左右变动。它可能大于总体参数值，也可能小于总体参数值，从而产生正误差或负误差。二者都可以用绝对值表示为 $|\bar{x} - \bar{X}|, |p - P|$ 等。这种以绝对值形式表示的抽样误差的可能范围，称为抽样极限误差或允许误差。

设 $\Delta_{\bar{x}}$ 与 Δ_P 分别表示抽样平均数的极限误差和抽样成数的极限误差，则有：

$$\Delta_{\bar{x}} = |\bar{x} - \bar{X}|$$

$$\Delta_P = |p - P|$$

在设计抽样方案时，抽样极限误差用来反映对抽样估计准确性的要求，也就是用样本统计量估计总体参数时所允许的误差范围。因此，抽样极限误差又称为抽样估计的允许误差限。

抽样极限误差通常以抽样平均误差为标准进行确定。一般来说，抽样极限误差用 t 倍的抽样平均误差表示，即

$$\Delta_{\bar{x}} = t\mu_{\bar{x}}$$

$$\Delta_p = t\mu_p$$

因此，t 可按如下方法计算：

$$t = \frac{\Delta_{\bar{x}}}{\mu_{\bar{x}}} = \frac{|\bar{x} - \bar{X}|}{\mu_{\bar{x}}}$$

$$t = \frac{\Delta_p}{\mu_p} = \frac{|p - P|}{\mu_p}$$

t 是用以衡量抽样估计可靠程度的参数，表示允许抽样极限误差为抽样平均误差的倍数，也被称为概率度。

5. 重复抽样与不重复抽样

根据同一单位是否允许被重复抽取，可以把抽样分为重复抽样和不重复抽样两种。

重复抽样又称放回抽样。在重复抽样方式下，每次从全及总体 N 个单位中随机抽取一个单位，登记其编号和相应的标志值，之后将其放回，参加下一次抽选。依次连续进行 n 次抽选后，将构成一个容量为 n 的样本。重复抽样的基本特点：①在全及总体 N 个单位中，抽取 n 个单位组成一个样本总体，全部可能样本有 $M = N^n$ 个，每个样本被抽取的机会或概率是相同的；②在 n 次抽样中，总体中每个单位在各次抽样中被抽取的概率都相同，即 n 次抽样就是 n 次相互独立的试验。

不重复抽样也简称不放回抽样。在不重复抽样方式下，每次从全及总体 N 个单位中随机抽取一个单位，登记其编号和标志值，之后不再将其放回总体参加下一次抽选。这种抽样方法实际上等同于一次从总体中同时抽取 n 个单位组成一个样本。其基本特点：①在全及总体 N 个单位中，抽取 n 个单位组成一个样本总体，全部可能样本为 $M = C_N^n$ 个，每个样本被抽取的概率都是相同的；②每抽选一次，总体的单位数就相应减少一个，因此，在 n 次抽样中，总体每个单位在各次抽样中被抽取的概率不同，即 n 次抽样不是 n 次相互独立的试验。

三、简单随机抽样与抽样分布

（一）简单随机抽样

随机抽样有四种基本组织方式，即简单随机抽样、等距抽样、分层抽样和整群抽样。其中，简单随机抽样理论最成熟，其他随机抽样组织方式都是在简单随机抽样的基础上发展起来的。因此，简单随机抽样在抽样理论中占有重要地位，是随机抽样中最基本的组织方式。

简单随机抽样，是按照随机原则直接从全及总体的 N 个单位中抽取 n 个单位组成样本总体，保证总体中每个单位在抽选时均有同等被抽中的机会。从理论上讲，简单随机抽样最符合随机原则，是抽样中最单纯的组织方式，因而又称为纯随机抽样。进行简单随机抽样之前，需要先对总体各单位编号，然后采用抽签或者查找随机数码表的方法确定样本单位。简单随机抽样适用于均匀分布的有限总体。

（二）抽样分布

抽样分布又称为样本的概率分布，是由样本统计量的可能取值和与之相应的概率所构成的分布数列。抽样分布可反映样本统计量的分布状况和分布特征，是推断总体参数的重要依据。

1.重复简单随机抽样下的抽样分布

重复简单随机抽样下的抽样分布分为样本平均数的抽样分布和样本成数的抽样分布。

（1）样本平均数的抽样分布

采用重复简单随机抽样方法从总体 N 个单位中抽取 n 个单位，可以有 N^n 个样本总体，把每个样本的平均数及其相应的概率依序排列，就得到样本平均数的抽样分布。根据样本平均数的抽样分布可以研究总体平均数与样本平均数、总体标准差与样本标准差（抽样平均误差）的数量关系，进而计算抽样分布的方差和标准差，抽样分布的标准差即为抽样标准误差或抽样平均误差。

例：假设一个总体由 A、B、C、D、E 五个单位组成，其标志值分别为 12、14、16、18、20。若采用重复简单随机抽样的方法抽取两个单位组成样本，则总体中的全部单位可组成 25 个可能的样本，每个样本被抽取的概率均为二。全部可能样本的有关资料如表 4-1 所示。

表 4-1　从 N=5 的总体中抽两个单位的全部可能样本

样本序号	样本单位	样本数据	样本平均数 $\bar{x}$	$\bar{x} - \bar{X}$	$(\bar{x} - \bar{X})^2$	样本方差 s^2
1	A, A	12, 12	12	-4	16	0
2	A, B	12, 14	13	-3	9	2
3	A, C	12, 16	14	-2	4	8
4	A, D	12, 18	15	-1	1	18
5	A, E	12, 20	16	0	0	32
6	B, A	14, 12	13	-3	9	2
7	B, B	14, 14	14	-2	4	0
8	B, C	14, 16	15	-1	1	2
9	B, D	14, 18	16	0	0	8

（续表）

样本序号	样本单位	样本数据	样本平均数 $\bar{x}$	$\bar{x} - \bar{X}$	$(\bar{x} - \bar{X})^2$	样本方差 s^2
10	B，E	14，20	17	1	1	18
11	C，A	16，12	14	-2	4	8
12	C，B	16，14	15	-1	1	2
13	C，C	16，16	16	0	0	0
14	C，D	16，18	17	1	1	2
15	C，E	16，20	18	2	4	8
16	D，A	18，12	15	-1	1	18
17	D，B	18，14	16	0	0	8
18	D，C	18，16	17	1	1	2
19	D，D	18，18	18	2	4	0
20	D，E	18，20	19	3	9	2
21	E，A	20，12	16	0	0	32
22	E，B	20，14	17	1	1	18
23	E，C	20，16	18	2	4	8
24	E，D	20，18	19	3	9	2
25	E，E	20，20	20	4	16	0
合计	—	—	16	—	4	8

根据表4-1中25个样本平均数的分布次数，可得样本平均数的抽样分布如表4-2所示。

表4-2　样本平均数的抽样分布

$\bar{x}$	12	13	14	15	16	17	18	19	20
$P\{\bar{x}\}$	$\dfrac{1}{25}$	$\dfrac{2}{25}$	$\dfrac{3}{25}$	$\dfrac{4}{25}$	$\dfrac{5}{25}$	$\dfrac{4}{25}$	$\dfrac{3}{25}$	$\dfrac{2}{25}$	$\dfrac{1}{25}$

要求用样本平均数估计总体平均数，并计算抽样误差。首先，计算总体平均数、总体方差及总体标准差。

$$\text{总体平均数 } \bar{X} = \frac{\sum_{i=1}^{N} X_i}{N} = \frac{80}{5} = 16$$

$$\text{总体方差 } \sigma_X^2 = \frac{\sum_{i=1}^{N}(x_i - \bar{X})^2}{N} = \frac{4^2 + 2^2 + 0^2 + 2^2 + 4^2}{5} = 8$$

$$\text{总体标准差 } \sigma_X = \sqrt{\frac{\sum_{i=1}^{N}(x_i - \bar{X})^2}{N}} = \sqrt{8} = 2\sqrt{2}$$

其次，计算样本平均数的均值（即抽样分布的数学期望）、抽样分布的方差和标准差

（这里指样本平均数的方差和标准差）。

用 $E(\overline{x})$ 表示样本平均数的均值，用 σ_x^2, σ_x 表示抽样分布的方差和标准差。有：

$$E\left(\overline{x}_i\right) = \sum_{i=1}^{M} \overline{x}_i \cdot p\left(\overline{x}_i\right) = 16$$

$$\sigma_x^2 = \frac{\sum_{i=1}^{M}\left[\overline{x}_i - E\left(\overline{x}_i\right)\right]^2}{M} = \frac{100}{25} = 4$$

$$\sigma_x = \sqrt{\frac{\sum_{i=1}^{M}\left[\overline{x}_i - E\left(\overline{x}_i\right)\right]^2}{M}} = \sqrt{\frac{100}{25}} = 2$$

式中，M 为全部样本数。

从计算结果可以看出，$E\left(\overline{x}_i\right) = \overline{X}$。

再次，计算抽样平均误差。

根据抽样平均误差的定义公式可得：

$$\mu_{\overline{x}} = \sqrt{\frac{\sum_{i=1}^{M}\left(\overline{x}_i - \overline{X}\right)^2}{M}} = \sqrt{\frac{100}{25}} = 2$$

从计算结果可知，抽样平均误差等价于抽样分布的标准差。这是因为样本平均数 $\overline{x}_i$ 的数学期望 $E(\overline{x}_i)$ 等于总体平均数 $\overline{X}$。

可以证明，抽样分布的方差 σ_x^2 等于总体方差 σ_X^2 的 $\frac{1}{n}$。在本例中，根据抽样误差的大小与总体方差 σ_X^2 成正比、与样本容量 n 成反比的数量关系可得：

$$\frac{\sigma_X^2}{n} = \frac{8}{2} = 4$$

计算结果等价于抽样分布的方差 σ_x^2。

其平方根为：

$$\sqrt{\frac{\sigma_X^2}{n}} = \sqrt{4} = 2$$

等价于抽样分布的标准差 σ_x，等价于抽样平均误差。

从上述计算结果可知，样本平均数的数学期望等于总体平均数，样本平均数的抽样平均误差的平方等于总体方差的 $\frac{1}{n}$。

数理统计已经证明，在重复简单随机抽样条件下，总体中全部样本平均数的数学期望等于总体平均数；若样本统计量的数学期望等于总体参数，则该统计量作为总体参数的估计量就是无偏的，即样本平均数是总体平均数的无偏估计量。

抽样分布的方差 $\sigma_{\bar{x}}^2$ 等于总体方差 σ_x^2 的 $\frac{1}{n}$，这一结论为我们计算抽样平均误差提供了理论依据。在重复简单随机抽样条件下，计算抽样平均误差的应用公式为：

$$\mu_{\bar{x}} = \sqrt{\frac{\sigma_X^2}{n}} = \frac{\sigma_X}{\sqrt{n}}$$

若总体方差 σ_x^2 或标准差 σ_x 是已知或可知的，则可根据该公式计算抽样平均误差，并将其作为度量以 $\bar{x}$ 估计 $\overline{X}$ 产生的抽样误差的标准。若总体方差 σ_x^2 或标准差 σ_x 是未知的，则可以用样本方差 s_x^2 或标准差 s_x 代替总体方差 σ_x^2 或标准差 σ_x，然后根据上述公式计算抽样平均误差。但此时的样本方差与样本标准差应分别按以下方法计算：

$$s_x^2 = \frac{\sum\limits_{i=1}^{n}\left(x_i - \overline{X}\right)^2}{n-1}$$

$$s_x = \sqrt{\frac{\sum\limits_{i=1}^{n}\left(x_i - \overline{X}\right)^2}{n-1}}$$

（2）样本成数的抽样分布

样本成数的抽样分布是由样本成数的可能取值和与之对应的概率组成的分布数列。在重复简单随机抽样方法下，按照分析样本平均数的抽样分布的思路，对样本成数的抽样分布进行分析，可以得到以下两点结论：

①样本成数的抽样分布的数学期望等于总体成数，即：

$$E(p) = P$$

说明全部样本成数的平均数等于总体成数，样本成数 P 是总体成数 P 的无偏估计量。

②样本成数的抽样分布的方差（即抽样标准误的平方或抽样平均误差的平方）是总体方差 $P(1-P)$ 的 $\frac{1}{n}$。因此，在重复简单随机抽样下，作为衡量样本成数 P 估计总体成数 P 时产生抽样误差标准的抽样平均误差的计算公式为：

$$\mu_p = \sqrt{\frac{P(1-P)}{n}}$$

2.不重复简单随机抽样条件下的抽样分布

不重复简单随机抽样条件下的抽样分布分为样本平均数的抽样分布和样本成数的抽样分布。

（1）样本平均数的抽样分布

例：沿用表 4-1，采用不重复简单随机抽样，从 $N=5$ 的总体中抽取 $n=2$ 的全部样本为 10 个，计算公式为：

$$C_5^2 = \frac{N!}{n!(N-n)!} = 10$$

根据不重复简单随机抽样下样本平均数的抽样分布，可得出以下两个结论：

①样本平均数的数学期望等于总体平均数，不重复简单随机抽样下的样本平均数 $\bar{x}$ 是总体平均数 $\bar{X}$ 的无偏估计量。

②样本平均数的抽样分布的方差（即抽样标准误的平方）是总体方差 σ_X^2 的 $\frac{N-n}{n(N-1)}$。因此，在不重复简单随机抽样下，作为衡量样本平均数 $\bar{x}$ 估计总体平均数 $\bar{X}$ 时产生抽样误差标准的抽样平均误差的计算公式为：

$$\mu_{\bar{x}} = \sqrt{\frac{\sigma_X^2}{n}} \cdot \sqrt{\frac{N-n}{N-1}} = \sqrt{\frac{\sigma_X^2}{n} \cdot \frac{N-n}{N-1}}$$

当 N 很大时，有：

$$\mu_{\bar{x}} = \sqrt{\frac{\sigma_X^2}{n}\left(1 - \frac{n}{N}\right)}$$

比较重复简单随机抽样下的抽样平均误差和不重复简单随机抽样下的抽样平均误差可知，不重复简单随机抽样标准误小于重复简单随机抽样的标准误。但是，当 n 相对于 N 较小时，或者 N 无限大时，$\frac{N-n}{N-1} \approx 1$，此时两种抽样法下的抽样标准误相近。

在实践中，对于无限总体，无论采用重复抽样还是不重复抽样，均可用重复抽样下的抽样平均误差作为衡量抽样误差的标准；对于有限总体，当 $\frac{n}{N}$ 较小时，简便起见，亦常用重复抽样的抽样平均误差作为衡量抽样误差的标准。

（2）样本成数的抽样分布

按照上述思路对不重复简单随机抽样下样本成数的抽样分布进行分析，可得出以下两个结论：

①样本成数的数学期望等于总体成数，即 $E(p) = P$，不重复简单随机抽样下样本成数 P 是总体成数的无偏估计量。

②样本成数的抽样分布的方差是总体方差 $\sigma_p^2 = P(1-P)$ 的 $\frac{N-n}{n(N-1)}$。因此，在不重复简单随机抽样下，作为衡量用样本成数 P 估计总体成数 P 时产生抽样误差标准的抽样平均误差的计算公式为：

$$\mu_p = \sqrt{\frac{P(1-P)}{n} \cdot \frac{N-n}{N-1}}$$

当 N 较大时，有：

$$\mu_p = \sqrt{\frac{P(1-P)}{n} \cdot \left(1 - \frac{n}{N}\right)}$$

（三）抽样平均误差的应用

通过分析重复简单随机抽样与不重复简单随机抽样及其抽样分布，我们获得了一系列重要结论，这些结论为我们提供了计算抽样平均误差的理论依据和具体方法，使我们在实践中能容易地确定衡量抽样误差的具体标准。现举例说明这些方法在简单随机抽样中的应用。

例：某居民区共有 10 000 户居民，为了估计该区居民的用电量，采用简单随机抽样方法抽取 100 户居民，对其某月用电量进行抽样调查，得知该月户均用电量为 125 kW/h，标准差为 35 kW/h。

若采用重复抽样方法，则户均用电量的抽样平均误差为：

$$\mu_{\bar{x}} = \sqrt{\frac{s_x^2}{n}} = \sqrt{\frac{35^2}{100}} = 3.5(\text{kW}/\text{h})$$

若采用不重复抽样方法，则户均用电量的抽样平均误差为：

$$\mu_{\bar{x}} = \sqrt{\frac{s_x^2}{n}\left(1 - \frac{n}{N}\right)} = \sqrt{\frac{35^2}{100} \times \left(1 - \frac{100}{10000}\right)} = 3.4825(\text{kW}/\text{h})$$

或

$$\mu_{\bar{x}} = \sqrt{\frac{s_x^2}{n}\left(\frac{N-n}{N-1}\right)}$$

$$= \sqrt{\frac{35^2}{100} \times \left(\frac{10000-100}{10000-1}\right)}$$

$$= 3.4826（\text{kW}/\text{h})$$

例：某厂对某产品质量进行抽样检验，从 5 000 件产品中采用简单随机抽样方法抽取 100 件。经检验，其中 94 件为合格产品，即合格率 $p = \dfrac{94}{100} = 0.94$。

若采用重复抽样方法，则产品合格率的抽样平均误差为：

$$\mu_p = \sqrt{\frac{p(1-p)}{n}} = \sqrt{\frac{0.94 \times (1-0.94)}{100}} = 0.023\ 75$$

若采用不重复抽样方法，则产品合格率的抽样平均误差为：

$$\mu_p = \sqrt{\frac{p(1-p)}{n}\left(1-\frac{n}{N}\right)}$$

$$= \sqrt{\frac{0.94 \times (1-0.94)}{100} \times \left(1-\frac{100}{500\ 0}\right)}$$

$$= 0.023\ 51$$

或

$$\mu_p = \sqrt{\frac{p(1-p)}{n}\left(\frac{N-n}{N-1}\right)}$$

$$= \sqrt{\frac{0.94 \times (1-0.94)}{100} \times \left(\frac{500\ 0-100}{500\ 0-1}\right)}$$

$$= 0.023\ 51$$

第二节　抽样推断与参数估计

一、抽样估计的置信度与抽样分布定理

（一）抽样估计的置信度

抽样极限误差表示抽样误差的可能范围，也是用样本统计量估计总体未知参数的允许误差极限，是反映抽样估计准确性的重要指标。但是，由于抽样误差是一个随机变量，因此样本统计量的某一具体数值（这里称之为总体未知参数的估计值）与总体未知参数之间的抽样误差落在一定范围内并不是一个必然事件。

事实上，在抽样估计中，只能以一定的概率来保证样本统计量的某一具体数值（即估计值）与总体未知参数之间的抽样误差落在一定的范围内。因此，抽样极限误差的确定总是与一定的概率保证程度联系在一起的，即抽样极限误差是在一定概率保证下的抽样误差。抽样极限误差因此成为反映抽样估计可靠性（亦称把握性）的重要指标。就概率意义而言，抽样估计的可靠程度被称为抽样估计的置信度。抽样极限误差在抽样估计中的实际意义在于，它可以将其作为确定总体未知参数置信区间的重要依据，表明总体未知参数落在一定

误差范围内的置信度。

我们已经知道，抽样极限误差 Δ 是以抽样平均误差 μ 衡量的，一般用若干倍的抽样平均误差来表示抽样极限误差。倍数 t 也叫概率度，反映了抽样极限误差与抽样平均误差之间的数量关系。概率度既是确定抽样估计误差范围的重要依据之一，也是衡量抽样估计可靠概率的重要参数。在实际工作中，需要根据抽样分布与总体分布的关系来确定概率度。抽样分布的一系列重要定理为我们提供了解决这一问题的理论依据和具体方法。

（二）样本平均数的抽样分布定理

样本平均数的抽样分布定理有正态分布定理、中心极限定理和小样本分布定理。

1. 正态分布定理与抽样估计的置信度

正态分布定理：如果由 n 个单位组成的随机样本来自一个平均数为 $\overline{X}$、方差为 σ_X^2 的正态分布总体，则样本平均数服从于数学期望为 $\overline{X}$、方差为 σ_X^2 的正态分布。

正态分布定理说明当总体服从正态分布时，按照随机原则从该总体中抽出一个容量为 n 的样本，无论该样本是大样本还是小样本，其样本平均数均服从正态分布，而且全部样本平均数的数学期望 $E(\overline{x})$ $E(\overline{x})$ 等于总体平均数 $\overline{X}$，样本平均数的方差 $\sigma_{\overline{x}}^2$ 等于总体方差 σ_X^2 的 $\dfrac{1}{n}$，亦即抽样平均误差 $\mu_{\overline{x}} = \sqrt{\dfrac{\sigma_X^2}{n}} = \dfrac{\sigma_X}{\sqrt{n}}$。

在实践中，为了应用方便，一般把正态随机变量变换为标准正态分布变量。这样就可以利用标准正态分布函数表查得抽样估计的概率度与相应概率的值，从而解决抽样估计的置信度问题。

由于从正态分布总体中随机抽样产生的样本平均数 $\overline{x}$ 是服从于正态分布的一般随机变量，因此我们可以将其变换为标准正态分布随机变量。

在采用重复抽样方法时，变换公式为：

$$Z = \frac{\overline{x} - E(\overline{x})}{\sigma_{\overline{x}}} = \frac{\overline{x} - \overline{X}}{\sigma_{\overline{x}} / \sqrt{n}}$$

在采用不重复抽样方法时，变换公式为：

$$Z = \frac{\overline{x} - E(\overline{x})}{\sigma_{\overline{x}}} = \frac{\overline{x} - \overline{X}}{\sqrt{\dfrac{\sigma_x^2}{n} \cdot \left(\dfrac{N-n}{N-1}\right)}}$$

因为上述公式中的抽样标准误 $\sigma_{\overline{x}}$ 与抽样平均误差等价，所以在实际应用中，Z 的值可通过下式计算：

$$Z = \frac{\overline{x} - \overline{X}}{\mu_{\overline{x}}}$$

式中，$\bar{x} - \bar{X}$ 是某一具体样本平均数与总体平均数的离差，即抽样误差。又因为，作为表示抽样误差可能范围的抽样极限误差 $\Delta_{\bar{x}} = |\bar{x} - \bar{X}|$，因此上式又可表示为：

$$Z = \frac{\Delta_{\bar{x}}}{\mu_{\bar{x}}}$$

这样，就可以根据抽样估计的准确性要求 $\Delta_{\bar{x}}$ 和计算出的抽样平均误差 $\mu_{\bar{x}}$ 来计算 Z 值，然后从标准正态分布函数表中查出与之对应的概率值 $F(Z)$。该概率值表明了用样本平均数 $\bar{x}$ 估计总体平均数 $\bar{X}$ 的置信度。这里，Z 是衡量抽样估计可靠概率的重要参数，被称为概率度。根据概率度、抽样极限误差、抽样平均误差与概率的关系，可以得出表 4-3 中常用的概率，以便在实际中应用。

表 4-3　常用的概率

概率度 Z	抽样极限误差 Δ	概率值 $F(Z)$
1	1 μ	0.682 7
1.96	1.96 μ	0.950 0
2	2 μ	0.954 5
3	3 μ	0.997 3

例 6：沿用表 4-1 的资料，假设该居民区居民用电量服从正态分布，用抽样调查 100 户居民该月户均用电量估计该居民区 10 000 户居民的户均用电量时，若要求抽样误差不超过 7 kW/h，请计算出这种估计的置信度。

在采用重复抽样方法时

$$Z = \frac{\Delta_{\bar{x}}}{\mu_{\bar{x}}} = \frac{7}{3.5} = 2$$

查标准正态分布函数表得

$$F(Z) = F(2) = 0.954 5$$

由此可知，做出这种估计的置信度为 95.45%。

在采用不重复抽样方法时

$$Z = \frac{\Delta_{\bar{x}}}{\mu_{\bar{x}}} = \frac{7}{3.482 6} = 2.01$$

查标准正态分布函数表得

$$F(Z) = F(2.01) = 0.955 6$$

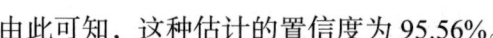

由此可知，这种估计的置信度为 95.56%。

2. 中心极限定理与抽样估计的置信度

中心极限定理的通俗定义：对任意一个具有总体平均数为 $\bar{X}$、方差为 σ_X^2 的总体，只要从该总体中随机抽取的样本容量 n 无限增大（一般要求 $n > 30$），则该样本平均数的分布趋近于其数学期望为 $\bar{X}$、方差为 $\sigma_{\bar{x}}^2$ 的正态分布。

在抽样调查过程中，我们所要研究的现象总体各自都有不同的特征，有些总体服从正态分布，有些总体则服从其他形式的分布。对于服从正态分布的总体，有些可以事先知道，但更多的是事先不知道或根本无法知道的。中心极限定理的实用价值就在于，无论总体服从什么形式的分布，对于容量很大的样本来说，样本平均数的分布会接近于正态分布。因此，可以利用标准正态分布求得标准化随机变量 $\dfrac{\bar{x} - \bar{X}}{\mu_{\bar{x}}}$ 落入一定区间的概率，进而推导出抽样估计的置信度。

3. 小样本分布定理与抽样估计的置信度

小样本分布定理：如果从平均数为 $\bar{X}$、但方差 σ_X^2 未知的正态分布总体中随机抽取 n 个单位组成样本，且 $n \leq 30$，则样本统计量 $t = \dfrac{\bar{x} - \bar{X}}{\sigma_{\bar{x}}}$ 服从自由度 $df = n - 1$ 的 t 分布。

其中，由于总体方差 σ_X^2 是未知的，因此 $\hat{\sigma}_{\bar{x}}$ 是 $\sigma_{\bar{x}}^-$ 的估计值，$\hat{\sigma}_{\bar{x}} = \dfrac{s_x}{\sqrt{n}}$；$s_x = \sqrt{\dfrac{\sum\limits_{i=1}^{n}(x_i - \bar{X})^2}{n-1}}$ 为样本标准差。

t 称为概率度，其本身没有计量单位。

t 分布的形状类似于正态分布，都是对称图形，但相对于正态分布偏平。当样本容量 n 不断增大时，t 分布趋近正态分布。事实上，当 $n > 30$ 时，二者就十分相近了。

t 分布的形态受自由度的影响。所谓自由度，就是我们能自由选择的数值的个数。当样本容量为 n 时，$df = n - 1$。

小样本分布定理说明，在研究实际问题时，总体方差 σ_X^2 往往是未知的，这时只能用样本方差 s_x^2 代替总体方差，用样本标准差 s_x 代替总体标准差 σ_X。

（三）样本成数的抽样分布定理与抽样估计的置信度

样本成数的抽样分布定理：对于任意一个数学期望为 P、方差为 $P(1-P)$ 的二项式分布总体，当 n 足够大［一般地，$nP > 5; n(1-P) > 5$］时，样本成数 p 趋于服从数学期望为 P、方差为 μ_p^2 的正态分布，标准化随机变量 $Z = \dfrac{p - P}{\mu_p}$ 趋于服从标准正态分布。

当样本取自无限总体或采用重复抽样方法时

$$\mu_p^2 = \frac{p(1-p)}{n}$$

当采用不重复抽样方法，且样本取自有限总体时

$$\mu_p^2 = \frac{p(1-p)}{n} \cdot \frac{N-n}{N-1}$$

这是中心极限定理的推论之一。

当我们需要研究属性总体中具有某种特征的单位占总体的比重时，则总体服从二项分布。中心极限定理的上述推论成为我们利用正态分布函数表解决这类抽样估计问题的理论依据。

标准化随机变量 $Z = \frac{p-P}{\mu_p}$ 中的 $p-P$ 是某一具体样本成数 p 与总体成数 P 的离差，即抽样误差，作为表示抽样误差可能范围的抽样极限误差 $\Delta_p = |p-P|$，所以上式又可表示为：

$$Z = \frac{\Delta_P}{\mu_p}$$

从而可以根据抽样估计的准确性要求 Δ_p 和已计算出的抽样平均误差 μ_p 的值来计算 Z 值，然后从标准正态分布函数表中查出与之对应的概率值，即得出抽样估计的置信度。

二、抽样估计

（一）评价估计量的准则

在抽样法中，对总体未知参数（总体平均数 $\overline{X}$、总体成数 P、总体方差 σ_X^2 等）进行估计，是借助于样本统计量（样本平均数 $\overline{x}$、样本成数 P、样本方差 s_x^2 等）进行的，即用样本统计量作为总体参数的估计值。因此，需要样本统计量对总体被估计的参数具有良好的代表性，即需要使样本的分布结构与总体的分布结构一致。但是，样本统计量是个随机变量，随着抽取的样本不同，会有不同的估计值（即作为总体参数估计量的某一统计量的数值）。因而，在抽样估计之前需要对某种估计量的好坏进行判断，即要看该估计量是否在某种意义上最接近于被估计参数的实际值。

一般地，用样本统计量作为总体参数的估计量，应该满足无偏性、一致性和有效性三个要求。只要满足了这三个要求，就可以认为该统计量是总体参数的优良估计量。

1. 无偏性

设 $\hat{\theta}$ 代表作为总体参数估计量的样本统计量，θ 代表被估计的总体未知参数。若 $E(\hat{\theta}) = \theta$，则 $\hat{\theta}$ 是 θ 的无偏估计量。

通过对简单随机抽样的分析可知，无论采用重复抽样还是不重复抽样的方法，样本平均数 $\overline{x}$ 的数学期望均等于总体平均数 $\overline{X}$，即 $E(\overline{x}) = \overline{X}$；样本成数 P 的数学期望等于总

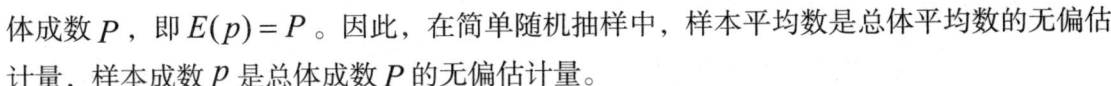

体成数 P，即 $E(p) = P$。因此，在简单随机抽样中，样本平均数是总体平均数的无偏估计量，样本成数 P 是总体成数 P 的无偏估计量。

2. 一致性

就数量关系而言，抽样法建立在概率论大数法则的基础上。大数法则内容为：如果随机变量总体存在着有限的平均数和方差，则对于充分大的样本容量 n，可以用几乎趋近于 1 的概率来期望样本统计量与总体参数的绝对离差为任意小，即对于任意的正数 α，有

$$\lim_{n \to \infty} P(|\hat{\theta} - \theta| < \alpha) = 1$$

说明当样本容量足够大（$n > 30$）时，样本统计量与总体参数趋于一致。因而在抽样时，只要适当加大样本容量，就可以使样本统计量与总体参数趋于一致。

3. 有效性

抽样估计的有效性要求是，用样本统计量作为总体参数的优良估计量的方差应该比用其他估计量的方差小。因为样本统计量的方差的平方根是样本统计量的标准误差（即抽样标准误或抽样平均误差），其一般计算式为：

$$\sqrt{\frac{\sum_{i=1}^{M} (\hat{\theta}_i - \theta)^2}{M}}$$

其中，$\sum_{i=1}^{M} (\hat{\theta}_i - \theta)^2 = \min$，即样本统计量（估计值）与总体参数的离差的平方和最小。所以，用样本统计量作为总体参数的估计量符合抽样估计的有效性要求。

（二）总体参数的点估计

1. 总体平均数的点估计

点估计就是以样本统计量直接估计总体未知参数，即以样本统计量的具体值作为总体参数的估计值。

如果总体平均数 $\overline{X}$ 是个未知数，根据随机样本的数据可以计算出样本平均数 $\overline{x}$，则样本平均数的具体值就是总体平均数的点估计值。当 n 足够大时，由于样本平均数 $\overline{x}$ 具备优良估计的三个标准，因此样本平均数的具体值是总体平均数的优良点估计值。

例如，为了了解某月该居民区全部居民的户均用电量，随机抽取 100 户居民调查，得出户均用电量为 125 kW/h（样本平均数），则可以将其作为该区全部居民户均用电量（总体平均数）的点估计值，估计该区全部居民户均用电量为 125 kW/h。又如，为了了解城市居民的消费水平，随机地从全部城市居民中抽取 1 000 户居民调查，得出某年人均消费金额为 3 200 元，据此可得出全部城市居民某年人均消费金额的点估计值为 3 200 元。

2.总体成数的点估计

当 n 足够大时,由于样本成数 P 是总体成数 P 的优良估计量,因此当总体成数未知时,可以用样本成数 P 的值作为总体成数 P 的点估计值。

例如,为了了解 5 000 件产品的合格率,随机抽取 100 件产品调查,得出样本合格率为 94%,可据此得出 5 000 件产品的合格率的点估计值亦为 94%。

例:某公司考虑购买一批减价商品,共 2 000 件,其中有些是次品,但不知次品数或次品率是多少。但该公司知道每件次品的修复成本为 0.25 元,并认为若总的修复成本低于 50 元,则购买这批商品是有利可图的。在购买前,该公司随机地从中抽取 100 件商品进行调查,发现 8 件是次品。试估计这批商品的次品率,并判断该公司是否可以购买这批商品。

设样本次品率为 p,则 $p = \dfrac{8}{100} = 8\%$。用样本成数 P 作为总体成数 P 的点估计值,则这批商品的次品率亦为 8%。

又因为这批商品总数 N=2 000,所以该批商品中的次品数为 $NP = 2\ 000 \times 8\% = 160$(件)。所以该批商品所需要的总修复成本为 $0.25 \times 160 = 40$(元)。由此可见,该公司可以购买这批商品。

3.总体方差的点估计

一般地,设某总体方差 σ_x^2 是个未知数,当从该总体中随机抽取一个容量为 n 的样本时,样本方差 s_x^2 是总体方差的无偏估计量,即 $s_x^2 = \dfrac{\sum\limits_{i=1}^{n}\left(x_i - \bar{X}\right)^2}{n-1}$。

(三)总体参数的区间估计

1.区间估计的意义

点估计是用样本统计量的某一具体值来估计总体参数的值。这个值可能等于总体参数的值,也可能不等于总体参数的值。二者只是在平均意义上相等。例如,从表 4-1 和表 4-2 可见,总体平均数 X=16,而在其全部 25 个可能样本平均数中,样本平均数 $\bar{x} = 16$ 的只有 25,说明样本平均数 $\bar{x}$ 等于总体平均数 $\bar{X}$ 的概率为 $\dfrac{5}{25}$,而 $\bar{x} \neq \bar{X}$ 的概率为 $\dfrac{20}{25}$。由此可见,所谓优良估计量(即无偏、一致和有效的估计量)并不能百分之百地保证统计量的取值等于总体参数的值。由表 4-2 还可知,$P\{14 \leqslant \bar{X} \leqslant 18\} = \dfrac{19}{25}$,即总体平均数居于 14 ~ 18 的概率是 19 是 25。

在抽样法中,我们常常用一个区间及其出现的概率来估计总体参数,这种方法称为区间估计。具体地说,区间估计是用统计量和它的抽样平均误差构成的区间来估计总体参数,并以一定概率保证总体参数将落在所估计的区间内。这一概率保证程度称为抽样估计的置信度,这一区间称为抽样估计的置信区间。

2. 总体平均数的区间估计

（1）大样本条件下总体平均数的置信区间

由样本平均数的抽样分布可知，如果总体服从正态分布或 $n > 30$ ，且总体方差 σ_x^2 已知，则有：

$$P\left\{-z_{\frac{\alpha}{2}} \leqslant Z \leqslant z_{\frac{\alpha}{2}}\right\} = 1 - \alpha$$

其中， $z_{\frac{\alpha}{2}}$ 为标准正态分布的上 $\frac{\alpha}{2}$ 分位数。对一个服从正态分布的随机变量 $X \sim N(0, 1)$ ， $\alpha \in (0, 1)$ ，若实数 z_α 满足 $P\{X > z_\alpha\} = \alpha$ ，则 z_α 称为标准正态分布的上 α 分位点。因为标准正态分布随机变量为：

$$Z = \frac{\overline{x} - \overline{X}}{\mu_{\overline{x}}}$$

所以有

$$P\left\{-z_{\frac{\alpha}{2}} \leqslant \frac{\overline{x} - \overline{X}}{\mu_{\overline{x}}} \leqslant z_{\frac{\alpha}{2}}\right\} = 1 - \alpha$$

从而可得

$$P\left\{\overline{x} - z_{\frac{\alpha}{2}}\mu_{\overline{x}} \leqslant \overline{X} \leqslant \overline{x} + z_{\frac{\alpha}{2}}\mu_{\overline{x}}\right\} = 1 - \alpha$$

其中， $1 - \alpha$ 是置信度，一般用 $F(Z)$ 表示。它说明在随机抽样时，用于估计总体平均数 $\overline{X}$ 落在区间 $\left[\overline{x} - z_{\frac{\alpha}{2}}\mu_{\overline{x}}, \overline{x} + z_{\frac{\alpha}{2}}\mu_{\overline{x}}\right]$ 之间的概率是 $1 - \alpha$ ，因此 a 就是总体平均数不在这一区间的概率。所以称 $\left[\overline{x} - z_{\frac{\alpha}{2}}\mu_{\overline{x}}, \overline{x} + z_{\frac{\alpha}{2}}\mu_{\overline{x}}\right]$ 为当置信度为 $1 - \alpha$ 时 $\overline{X}$ 的置信区间。

置信区间包含两层含义。就其概率意义而言，对于来自正态总体的所有样本，若用上述公式确定它们的置信区间，则有 $100(1-\alpha)\%$ 的置信度将总体平均数 X 包括在该区间之内。就其实践意义而言，对于某一个来自正态总体的样本，有 $100(1-\alpha)\%$ 的把握说该样本的置信区间将总体平均数 $\overline{X}$ 包括在内，也可能没有包括 $\overline{X}$ ，所以一个置信区间包括 X 的把握性只有 $100(1-\alpha)\%$ 。置信度为 95% 的置信区间（ $\alpha = 5\%$ ）如图 4-1 所示。

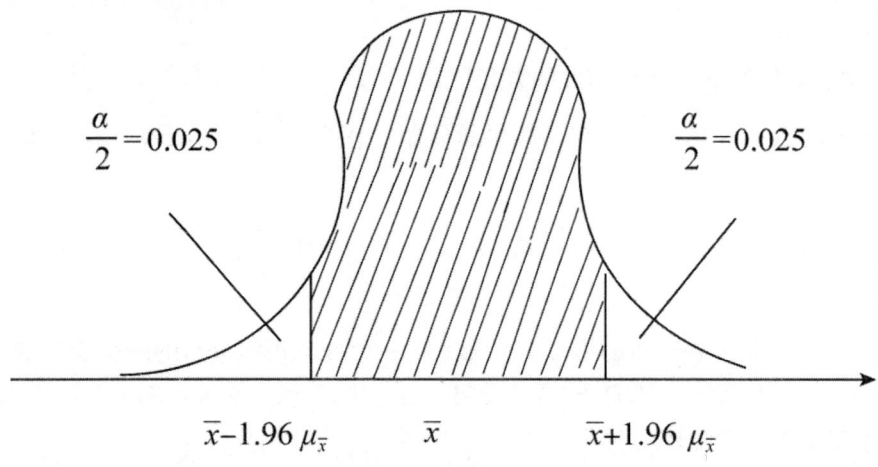

$$\overline{x}-1.96\,\mu_{\overline{x}} \qquad \overline{x} \qquad \overline{x}+1.96\,\mu_{\overline{x}}$$

图 4-1　置信度为 95% 的置信区间（ α =5% ）

在图 4-1 中，标准正态曲线下阴影部分的面积占标准正态曲线与横轴围成的总面积的 95%，表明用样本平均数 $\overline{x}$ 估计总体平均数 $\overline{X}$ 的置信度时，$F(Z)=100(1-\alpha)\%=95\%$。横轴上标明的区间 $\left[\overline{x}-z_{\frac{\alpha}{2}}\mu_{\overline{x}},\overline{x}+z_{\frac{\alpha}{2}}\mu_{\overline{x}}\right]$ 表示用样本平均数 $\overline{x}$ 估计总体平均数 $\overline{X}$ 有 95% 把握性的置信区间，其中，$z_{\frac{\alpha}{2}}=z_{\frac{0.05}{2}}=1.96$。

例：居民区样本户均用电量为 125 kW/h，样本标准差为 35 kW/h。

若采用重复简单随机抽样方法，样本平均数的抽样平均误差 $\mu_{\overline{x}}=3.5\mathrm{kW/h}$，抽样极限误差 $\Delta_{\overline{x}}=7\mathrm{kW/h}$，概率度 $z_{\frac{\alpha}{2}}=2$，抽样估计的置信度 $F(Z)=F(2)$ =95.45%。所以，以 95.45% 的把握，用样本户均用电量估计该区全部居民户均用电量的置信区间为

$$[125-2\times3.5,125+2\times3.5]=[118,132]$$

说明有 95.45% 的把握估计全区居民户均用电量在 118 ～ 132 kW/h。

若采用不重复简单随机抽样法，则 $\mu_{\overline{x}}=3.4826\mathrm{kW/h},\Delta_{\overline{x}}=7\mathrm{kW/h}$，概率度 $z_{\frac{\alpha}{2}}=2.01$，$F(Z)=F(2.01)=95.56\%$。此时，以 95.56% 的把握，用样本平均数 $\overline{x}$ 估计总体平均数的置信区间为

$$[125-2.01\times3.4826,125+2.01\times3.4826]=[118,132]$$

说明以 95.45% 的把握估计该区居民户均用电量在 118 ～ 132 kW/h。

通过本例可知，在抽样估计的置信区间相同（即抽样估计的准确性要求相同）时，不重复抽样方法比重复抽样方法的置信度高。同理可知，在抽样估计的置信度相同时，采用不重复抽样方法比重复抽样方法的置信区间要小，即准确性要高一些。

需要说明的是，本例中虽然总体方差是未知的，但由于 $n=100>30$，因此可以用样本标准差代替总体标准差去计算抽样平均误差。

（2）小样本条件下正态总体方差未知时，总体平均数的区间估计

根据样本平均数的分布定理可知，当 $n < 30$，且正态总体的方差 σ_x^2 未知时，有：

$$P\left\{-t_{\frac{\alpha}{2}} \leqslant \frac{\bar{x} - \bar{X}}{\mu_{\bar{x}}} \leqslant t_{\frac{\alpha}{2}}\right\} = 1 - \alpha$$

其中，$t_{\frac{\alpha}{2}}$ 为 t 分布的上 $\dfrac{\alpha}{2}$ 分位数。

因为小样本统计量 $t = \dfrac{\bar{x} - X}{\sigma_{\bar{x}}} = \dfrac{\bar{x} - X}{\mu_{\bar{x}}} \sim t(n-1)$，且由于总体方差 σ_x^2 未知，在计算 $\sigma_{\bar{x}}$ 或 $\mu_{\bar{x}}$ 时，需要用样本方差 s_x^2 估计总体方差 σ_x^2。而作为总体方差无偏估计量的样本方差为：

$$\hat{\sigma}_x^2 = \frac{\sum_{i=1}^{n}\left(x_i - \bar{X}\right)^2}{n-1}$$

因而有

$$\hat{\sigma}_{\bar{x}} = \mu_{\bar{x}} = \sqrt{\frac{\hat{\sigma}_x^2}{n}} = \sqrt{\frac{\sum_{i=1}^{n}\left(x_i - \bar{x}\right)^2}{n(n-1)}} = \frac{1}{\sqrt{n-1}}\sqrt{\frac{\sum_{i=1}^{n}\left(x_i - \bar{x}\right)^2}{n}} = \frac{s_x}{\sqrt{n-1}}$$

所以，$p\left\{-t\dfrac{\alpha}{2} \leqslant t \leqslant t\dfrac{\alpha}{2}\right\} = 1 - \alpha$ 可以变换为

$$P\left\{\bar{x} - t_{\frac{\alpha}{2}}\mu_{\bar{x}} \leqslant \bar{X} \leqslant \bar{x} + t_{\frac{\alpha}{2}}\mu_{\bar{x}}\right\} = 1 - \alpha$$

或者

$$P\left\{\bar{x} - t_{\frac{\alpha}{2}} \cdot \frac{s_x}{\sqrt{n-1}}, \bar{x} + t_{\frac{\alpha}{2}} \cdot \frac{s_x}{\sqrt{n-1}}\right\} = 1 - \alpha$$

在上述条件下，对未知的总体平均数 $\bar{X}$，其置信度为 $100(1-\alpha)\%$ 的置信区间是

$$\left[\bar{x} - t_{\frac{\alpha}{2}}\hat{\mu}_{\bar{x}}, \bar{x} + t_{\frac{\alpha}{2}}\mu_{\bar{x}}\right]$$

或者

$$\left[\bar{x} - t_{\frac{\alpha}{2}} \cdot \frac{s_x}{\sqrt{n-1}}, \bar{x} + t_{\frac{\alpha}{2}} \cdot \frac{s_x}{\sqrt{n-1}}\right]$$

例：某公司的股票价格服从正态分布，为了掌握该公司股票的平均价格，随机地对其 26 天的交易价格进行调查。结果表明，平均价格为 35 元，标准差为 2 元。以 98% 的置信度求该公司股票平均价格的置信区间。

根据上述资料可知，$n=26$（小样本），样本标准差$S_x=2$元，样本平均数$\bar{x}=35$元，$\dfrac{\alpha}{2}=0.01$。所以，总体方差的估计值（即样本的调整方差）为：

$$\hat{\sigma}_x^2 = \frac{\sum_{i=1}^{n}(x_i-\bar{x})^2}{n-1} = \frac{\sum_{i=1}^{n}(x_i-\bar{x})^2}{n} \cdot \frac{n}{n-1} = S_x^2 \cdot \frac{n}{n-1}$$

$$= 2^2 \times \frac{26}{25} = 4.16$$

$$\hat{\mu}_{\bar{x}} = \sqrt{\frac{\hat{\sigma}_x^2}{n}} = \sqrt{\frac{4.16}{25}} = 0.408$$

查t分布表，当$\alpha/2=0.01$，自由度$df=26-1=25$时，$t_{1-\frac{\alpha}{2}}=2.485$，$t=-2.485$。根据置信区间的计算公式，该公司股票平均价格的置信区间为：

$$[35-2.485\times0.408 \quad 35+2.485\times0.408] = [33.986, 36.014]$$

以上结果表明，有98%的把握估计该公司股票价格在33.986～36.014元。

3. 总体成数的区间估计

根据样本成数的抽样分布定理，当$np>5, n(1-p)>5$时

$$P\left\{-z_{\frac{\alpha}{2}} \leqslant Z \leqslant z_{\frac{\alpha}{2}}\right\} = 1-\alpha$$

因为

$$Z = \frac{p-P}{\mu_p}$$

所以

$$P\left\{p - z_{\frac{\alpha}{2}}\mu_p \leqslant P \leqslant p + z_{\frac{\alpha}{2}}\mu_p\right\} = 1-\alpha$$

则置信度为$1-\alpha$的总体成数的置信区间为：

$$\left[p - z_{\frac{\alpha}{2}}\mu_p, \ p + z_{\frac{\alpha}{2}}\mu_p\right]$$

根据点估计理论可知，样本成数p是总体成数P的优良估计量。因此，在计算抽样平均误差μ_p时，如果总体方差$p(1-P)$未知，我们可以用样本方差$p(1-p)$代替总体方差，或者使用$P(1-P)$的最大值0.25来计算μ_p。

例：已知 $n=100, np=94, n(1-p)=6$，样本合格率 $p=0.94$。求产品合格率的置信区间（置信度为 95.45%）。

采用重复简单随机抽样时，抽样平均误差 $\mu_p=0.023\,75$，则产品合格度的置信区间为：

$$[0.94-2\times0.023\,75, 0.94+2\times0.023\,75]=[0.892\,5, 0.987\,5]$$

上述结果表明，有 95.45% 的把握该产品的合格率在 89.25% ~ 98.75%。

采用不重复简单随机抽样时，抽样平均误差 $\mu_p=0.023\,51$，则产品合格率的置信区间为：

$$[0.94-2\times0.023\,51, 0.94-2\times0.023\,51]=[0.893, 0.987]$$

若以 $P(1-P)=0.25$ 代替总体方差，采用重复简单随机抽样时，抽样平均误差为：

$$\mu_p=\sqrt{\frac{p(1-p)}{n}}=\sqrt{\frac{0.25}{100}}=0.05$$

则产品合格率的置信区间为：

$$[0.94-2\times0.05, 0.94+2\times0.05]=[0.89, 0.99]$$

三、抽样组织方式与样本容量的确定

（一）抽样组织方式

抽样组织方式是在抽取样本时，对总体各单位的一种组织安排，简称抽样方式。抽样组织方式有简单随机抽样、类型抽样、等距抽样和整群抽样。不同的抽样方式会产生不同的抽样效果，应当根据被研究现象总体的特征认真选择与确定合适的抽样组织方式。

1. 简单随机抽样

作为对总体各单位的一种组织安排，这里要强调的是，在抽取样本之前，应该先确定总体范围，并对总体中的每个单位进行编号，形成明确的抽样框。编入抽样框的总体单位称为抽样单位（亦称抽样单元），因而抽样框是能从中进行随机抽样的所有抽样单位的名单或清册。有了抽样框，就便于使用随机数码表或其他随机形式从总体中抽取样本单位。

根据抽样单位的具体情况和抽样组织的要求，抽样单位可以分成若干级别。其中，作为调查资料直接承担者的抽样单位（一般为最低一级抽样单位）称为基本抽样单位。例如，对某居民区居民家庭室内装修费用情况进行抽样调查，假设该居民区共有 30 幢居民楼，每幢楼居住 70 户居民。为了使被抽中的居民户在总体中的分布是均匀的，在抽样时先从

30 幢居民楼中随机抽取 6 幢，然后从抽中的 6 幢楼中再随机地各抽取 7 户家庭，调查其室内装修费用。则每幢居民楼就是一个一级抽样单位，每户居民家庭就是一个二级抽样单位。这里，居民家庭是调查资料的直接承担者，亦即基本抽样单位。这样可以有效地提高样本的代表性。

2. 类型抽样

类型抽样又称分层抽样或分类抽样，是统计分组法与抽样法的结合。其特点是先将总体各单位按主要标志进行分组，然后从各组中按照随机原则抽取一定数量的单位组成样本。

设总体由 N 个单位组成，按主要标志将其划分成 h 组（h =1，2，3，…，k），使 $N = N_1 + N_2 + \cdots + N_k$。然后从每组（即从 N_h）中随机抽取 N_h 个单位组成容量为 n 的样本，使 $n = n_1 + n_2 + \cdots + n_k$。这种抽样方式称为类型抽样。其中，$n_h$ 称为组样本容量，n 称为全样本容量。

类型抽样便于组织，实施时应当准备好关于各组的抽样框。由于抽样是在各组独立进行的，因此允许根据不同的情况灵活地采用不同的抽样方法。根据组样本资料计算的组平均数 $\bar{x}_h$ 或组样本成数 P_h，可以用来对该组的参数进行估计，将其汇总成全样本平均数 $\bar{x}$ 或全样本成数 p，用以估计总体平均数 $\bar{X}$ 或总体成数等时，汇总的方法又很简单。与简单随机抽样比较，类型抽样的样本在总体中的分布更加均匀，因而抽样误差明显小于简单随机抽样。

由于类型抽样是按照随机原则分别从各组中抽取一定数量的单位组成样本，而各组的总体单位不同，因此通常是按一定比例从各组中抽取样本单位的，即

$$\frac{n_1}{N_1} = \frac{n_2}{N_2} = \cdots = \frac{n_k}{N_k} = \frac{n}{N}$$

因此，各组的样本单位数 n_h 可根据下式确定：

$$n_h = n \cdot \frac{N_h}{N} \quad (h = 1, 2, \cdots, k)$$

类型抽样的样本平均数 $\bar{X}_{st}$ 与样本成数 P_{st} 可分别按下列公式计算：

$$\bar{X}_{st} = \sum_{h=1}^{k} W_h \bar{x}_h$$

$$P_{st} = \sum_{h=1}^{k} W_h P_h$$

其中，$\bar{x}_h$ 为第 h 组的样本平均数；P_h 为第 h 组的样本成数；W_h 为第 h 组单位数占全部单位数的比重，即权数。在按比例抽样时有

$$W_h = \frac{N_h}{N} = \frac{n_h}{n}$$

样本平均数 $\overline{X}_{st}$ 的抽样平均误差可按下列公式计算:

采用重复抽样方法时, $\mu_{\overline{x}}$ 的计算公式为:

$$\mu_{\overline{x}} = \sqrt{\frac{\sigma_h^2}{n}}$$

采用不重复抽样方法时, $\mu_{\overline{x}}$ 的计算公式为:

$$\mu_{\overline{x}} = \sqrt{\frac{\overline{\sigma_h^2}}{n}\left(1 - \frac{n}{N}\right)}$$

其中, $\overline{\sigma_h^2}$ 为各组内方差 σ_x^2 的加权算术平均数, 其计算公式为:

$$\widehat{\sigma_h^2} = \frac{1}{N}\sum_{h=1}^{k}\sigma_h^2 n_h$$

在取得抽样资料的情况下, 总体方差 σ_x^2 可以用样本组内方差 S_x^2 的加权算术平均数 $\overline{S}_x^2$ 代替, 即在计算抽样平均误差 $\mu_{\overline{x}}$ 时, 总体方差 σ_x^2 可用下式计算的结果代替, 即:

$$\overline{S}_x^2 = \frac{1}{n}\sum_{h=1}^{k}S_h^2 N_h$$

样本成数 P_{st} 的抽样平均误差可按下列公式计算:

采用重复抽样方法时, μ_p 的计算公式为:

$$\mu_p = \sqrt{\frac{P_h(1 - P_n)}{n}}$$

采用不重复抽样方法时, μ_p 的计算公式为:

$$\mu_p = \sqrt{\frac{P_n(1 - P_n)}{n}\left(1 - \frac{n}{N}\right)}$$

其中，$\overline{p_h(1-p_h)}$ 为各组内方差 $P_h(1-P_h)$ 的加权算术平均数。在取得抽样资料的情况下，可以用样本组内方差的加权算术平均数代替，即用下式计算的结果代替：

$$\overline{p_h(1-p_h)} = \frac{1}{n}\sum_{h=1}^{k} p_h(1-p_h)n_h$$

3. 等距抽样

等距抽样又称为机械抽样或系统抽样。它是事先将总体各单位按某一标志排列，然后按固定的顺序和间隔来抽取样本单位的一种抽样组织方式。

若从总体 N 个单位中抽取 n 个单位组成样本，可先将 N 个单位按一定标志排队，然后将 N 个单位划分为 n 个相等的部分，每个部分包括 K 个单位，即 $K = \frac{N}{n}$。在实施抽样时，先从第一部分顺序为 $1,2,\cdots,r,\cdots,K$ 的单位中随机地抽取一个单位 r，而在第二部分中抽取顺序号为 $r+k$ 的单位，在第三部分抽取顺序号为 $r+2K$ 的单位，在第 n 部分抽取顺序号为 $r+(n-1)K$ 的单位，共 n 个单位组成一个样本，各样本单位之间的间距均为 K，K 称为抽样间距。等距抽样的随机性体现在第一个样本单位的抽取上。当第一个单位的位次确定后，其他样本也就随之确定了。

用来作为排列总体各单位顺序依据的标志，可以是与所研究变量数值大小无关或不起主要影响作用的标志，称之为无关标志；也可以是与变量数值大小保持密切联系或起主要影响的标志，称为有关标志。按无关标志排队的等距抽样与简单随机抽样的原理类似，抽样平均误差的计算可采用简单随机抽样的方法。但由于在一定的间距内只抽取一个样本单位，故其抽样平均误差须按不重复简单随机抽样方法计算。按有关标志排队的等距抽样实质上体现了类型抽样的一些特点，一般在抽取第一个样本单位时，取第一部分处于中间位置的变量值，则可以有效地提高样本的代表性。按有关标志排队等距抽样时，抽样平均误差的计算方法可参照类型抽样。

按等距抽样方式抽取样本单位，能够使样本单位均匀地分配在总体中。因此，等距抽样的误差一般较简单随机抽样要小一些。但应注意到，等距抽样在排定顺序、确定第一个样本单位的位次后，其余单位的位次也随之确定了，因此要避免抽样间距与现象本身的周期性节奏相重合而引起的系统性影响，以防止发生系统性偏差，影响样本的代表性。

（二）样本容量的确定

在抽样法的实施中，样本容量的大小直接影响着样本统计量对总体被估计参数的代表性。在总体变异程度一定的条件下，样本容量 n 越大，样本统计量的代表性越强。但是样本容量 n 太大，又体现不了抽样法节省人力、物力、财力和时间的优越性。因此，在抽样设计时，必须确定必要的样本容量。所谓必要的样本容量，是指既能保证样本资料的代表

性，又能实现最大经济效益（节约费用和时间）的样本单位数。

样本容量 n 的大小受四方面因素的影响：①总体各单位某标志值的差异程度；②抽样允许误差；③抽样估计的置信度；④抽样方法。在抽样法的实施中，我们可根据抽样估计的允许误差范围与置信度要求及抽样方法来确定样本容量 n 的大小。

在重复抽样条件下，用样本平均数估计总体平均数时，样本容量 n 的大小按下式计算确定：

$$n = \frac{t^2 \sigma_x^2}{\Delta_{\bar{x}}^2}$$

用样本成数估计总体成数时，样本容量的大小按下式计算确定：

$$n_p = \frac{t^2 p(1-p)}{\Delta_p^2}$$

在不重复抽样条件下，用样本平均数估计总体平均数时，样本容量 n 的大小按下式计算确定：

$$\bar{n}_x = \frac{t^2 \sigma_x^2 N}{\Delta_x^2 N - t^2 \sigma_x^2}$$

用样本成数估计总体成数时，n 按下式计算确定：

$$n_p = \frac{t^2 p(1-p)N}{\Delta_p^2 N + t^2 p(1-P)}$$

上述算式中，t 为概率度，是标准正态分布的上 $\frac{\alpha}{2}$ 分位数，可根据抽样估计的置信概率查表求得；有关的总体方差资料可以根据以往的全面调查资料加以核算；在缺乏全面调查资料时，可以用以往的样本资料代替或进行试验性抽样计算出的样本方差代替。

从以上公式可以看出，当研究对象确定以后，总体方差是确定的数值，在此条件和抽样方法一定的条件下，影响必要的样本单位数的主要因素就是抽样的允许误差限和抽样估计的置信度。即必要的样本单位数 n 与抽样的允许误差限 Δ 成反比例关系，与抽样估计的置信度成正比例关系。在其他条件均不变时，如果要求抽样估计的误差越小，即抽样极限误差越小，则样本单位数就相应地要求越多。以重复抽样来说，在其他条件不变时，当误差范围缩小 0.5 时，样本单位数必须增至 4 倍；而允许误差范围扩大 1 倍，样本单位数仅需原来的 $\frac{1}{4}$。所以在组织抽样时，对抽样误差的允许范围要慎重考虑。

在抽样调查实践中，往往要从一个样本中调查多方面的情况。例如，我国城市职工家庭调查中，既要调查职工家庭年户均收入，也要调查其消费构成。也就是说，既要通过样本资料估计总体平均数，也要通过同一样本的有关资料估计总体成数。在这种情况下，所研究的标志不同，标志值的变异程度就可能不同，因而对抽样估计的允许误差限自然会有不同的要求，导致计算所得的必要的样本单位数不同。为了确保抽样误差控制在允许的范围内，就应采用样本单位数多的设计方案。

抽样调查的根本目的是对总体的相关数量特征做出有一定概率保证程度的推断，是社会经济现象研究中应用最广泛、作用最重要的调查方法。

第三节　假设检验

一、假设检验的基本概念

（一）假设与假设检验

在统计学上，假设是指关于总体的某些未知或不完全知道性质的待证明的声明。假设可分为两类，即研究假设和统计假设。研究假设是研究人员根据以前的研究结果、科学文献或者经验而提出的假设。例如，人们根据许多研究报告，提出生长期肥育猪（体重 20 ~ 50 kg）对粗蛋白的需要量占日食粮的比例为 15%。统计假设往往是根据研究假设提出的，描述了根据研究假设进行试验结果的两种统计选择。

假设检验也称显著性检验，是指事先对总体参数或总体分布形式提出一个假设，然后利用样本信息来判断原假设是否合理的一种统计方法。当对总体参数的真实性感到怀疑，需要通过样本来考察其是否正确时，往往借助于假设检验来判断样本信息与原假设是否有显著差异，从而决定接受或拒绝原假设。

（二）原假设与备择假设

统计假设检验是借助样本统计量来检验关于总体的假设是"是"还是"否"。在假设检验中，首先需要根据已知的信息提出两种假设，即原假设和备择假设。

原假设（或称零假设、虚假设、解消假设）通常是研究者想收集证据予以反对的假设，用 H_0 表示。一般来说，原假设建立的依据都是已有的、具有稳定性的。从经验来看，没有发生条件变化的原假设是不会轻易被否定的。换句话讲，进行假设检验的基本目的，就在于做出决策：是接受还是拒绝原假设。

备择假设（或称对立假设）通常是研究者想收集证据予以支持的假设，用 H_1 表示。备择假设是原假设被否定之后应该选择的、与原假设逻辑对立的假设。我们说，原假设一般是稳定的，但这并不能保证原假设永远正确，不会被否定。如果原假设被拒绝，就等于

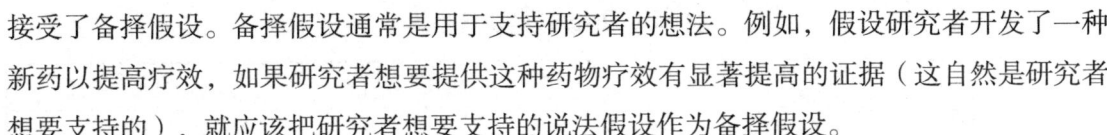

接受了备择假设。备择假设通常是用于支持研究者的想法。例如，假设研究者开发了一种新药以提高疗效，如果研究者想要提供这种药物疗效有显著提高的证据（这自然是研究者想要支持的），就应该把研究者想要支持的说法假设作为备择假设。

（三）单侧检验与双侧检验

在假设检验中，研究者感兴趣的备择假设内容，可以是原假设 H_0 在某一特定方向的变化，也可以是一种没有特定方向的变化。根据研究问题的性质，我们可以将统计假设检验分为单侧检验和双侧检验两种类型。

如果备择假设 H_1 具有特定的方向性，并含有"<"或">"符号，这样的假设检验就称为单侧检验或单尾检验。即所要检验的是样本所取自的总体的参数值高于（大于）或低于（小于）某个特定值时，所选择使用的一种单方面的检验方法。由于研究者感兴趣的方向不同，故可以将单侧检验分为左侧检验和右侧检验。如果研究者感兴趣的备择假设的方向为"<"，则称为左侧检验；如果研究者感兴趣的备择假设的方向为">"，则称为右侧检验。

相反，如果研究者感兴趣的备择假设没有特定的方向，只关心备择假设 H_1 是否不同于原假设 H_0，并不关心是大于还是小于，并含有符号"="或"≠"的假设检验，称为双侧检验或双尾检验。即当我们所关心的问题是要检验样本平均数和总体平均数有没有显著性差异，而不关心差异的方向是正还是负时所采取的一种统计检验的方法。

（四）假设检验中的两类错误与显著性水平

1.假设检验中的两类错误

在假设检验中，人们对于总体提出的问题的真实性往往是未知的，因此我们通过从样本获得的信息，用假设检验的方法来对原假设的真实性做出拒绝或接受的判断。这种判断有时会产生关于总体的错误结论，并且要承担一定的风险。

由于样本具有随机性，我们利用样本对两个对立假设进行判断，有可能出现两种情况：否定 H_0，接受 H_1；不否定 H_0，即 H_1 被否定。但一个被否定了的假设可能是真实的，也可能是不真实的。因此我们在检验时所做出的判断将会出现四种可能：否定了不真实的原假设；否定了真实的原假设；接受了不真实的原假设；接受了真实的原假设。以上四种可能可以归纳为表4-4所示的内容。

表 4-4　假设检验决策结果

决策结果	实际情况	
	H_0 为真	H_0 不为真
接受 H_0	决策正确（概率为 $1-\alpha$）	第二类错误（概率为 β）
拒接 H_0	第一类错误（概率为 α）	决策正确（概率为 $1-\beta$）

因此，根据样本做出判断时，有可能会犯两种类型的错误。

第一类错误也称为弃真错误。弃真错误是在拒绝原假设时出现的错误，指的是原假设 H_0 本来正确，但按照检验规则却做出了拒绝原假设 H_0 的判断，即否定了未知的真实情况，把真的当成了假的。其发生的概率称为犯第一类错误的概率，也称为弃真错误的概率，记为 α。在假设检验理论中，α 又被称为显著性水平。

第二类错误也称取伪错误。取伪错误是在接受原假设时出现的错误，指的是原假设 H_0 本来不正确，但按照检验规则却做出了接受原假设 H_0 的判断，即接受了未知的不真实状态，把假的当作真的接受了。其发生的概率称为犯第二类错误的概率，也称取伪错误的概率，记为 β。对于检验者来说，当然希望 β 值尽可能小。换言之，就是希望 $1-\beta$ 值尽可能大，即希望 H_0 不真实而被舍弃的概率越大越好。$1-\beta$ 越接近 1，表示不真实的原假设 H_0 几乎都能够被拒绝；相反，$1-\beta$ 越接近于 0，犯第二类错误的可能性就越大。因此，$1-\beta$ 的大小是衡量检验工作做得好坏的一个指标，在统计上称为检验功效。

在进行检验决策时，我们当然希望所有真实的原假设都能够被接受，所有不真实的原假设都能被拒绝，做到既降低犯第一类错误的可能性，又减少犯第二类错误的概率水平。但事实上，第一类错误和第二类错误是一对矛盾体。在其他条件不变的情况下，减少犯第一类错误的可能性，势必增加犯第二类错误的可能性。例如，某工厂准备购买一批较便宜的原料，厂家决定，要是这批原材料的次品率达到 5% 以上，就拒绝购买。逐批检验，当检验结果是拒绝购买时，就有可能犯第一类错误，即工厂可能拒购一批便宜的合格材料，而另高价购买原材料，这样便会增加产品成本；相反，如果厂方接受这批原材料，就有可能犯第二类错误，即工厂可能购进一批不合格的原材料，产品的次品率就要上升。显然，工厂决策者有必要搞清哪类错误造成的损失较小，可能减少成本。

要想同时减少犯两类错误的可能性，只能采用增加样本容量的办法来解决。但在实际工作中，不可能无限增大样本容量，否则就会使抽样调查失去意义。因此，决策者往往通过权衡犯两种错误所可能花费的代价来决定显著性水平。一般说来，哪一类错误所带来的后果越严重，危害越大，在假设检验中就应把哪一类错误作为首要的控制目标。但在假设检验中，大家都在执行这样一个统一的原则，即首先控制错误原则。这样做的一个原因是

大家都遵循一个统一的原则，讨论问题就比较方便；另一个原因在于，从实用的观点看，原假设是什么常常是明确的，而备择假设是什么常常是模糊的。

2. 显著性水平

发生第一类错误的概率也常被用于检验结论的可靠程度。假设检验中犯第一类错误的概率被称为显著性水平，记为 α。显著性的意义在这里并不是"重要的"，而是指"非偶然的"。如果样本提供的证据拒绝原假设，则表明检验结果是显著的；如果不拒绝原假设，则表明检验结果是不显著的。一项检验在统计上是"显著的（拒绝原假设）"，意思是这样的（样本）结果不是偶然得到的，或者说，不是靠机遇能够得到的。同样，如果检验结果是不显著的（没有充分的证据拒绝原假设），则表明这样的（样本）结果是偶然得到的。

在假设检验过程中，我们可以依据显著性水平的大小把概率分布划分为两个区间：小于给定标准的概率区间称为拒绝域，大于这个标准的概率区间则称为接受域。假如给定的小概率标准为 α =0.1，即凡概率小于 10% 的事件都称为小概率事件，都属于拒绝域。若事件属于接受域，则原假设成立而无显著差异；若事件属于拒绝域，则拒绝原假设且认为有显著差异。显著性水平 α 所对应的概率度称为 α 的临界值，是原假设拒绝域和接受域的分界线。仅以单侧检验中的右侧检验为例，我们称概率小于 α 的事件为小概率事件，等同于大于临界值的事件就是小概率事件，可以直接利用概率表查找临界值作为判断的依据。

另外，显著性水平并不是一个固定不变的数字，它的大小随着研究问题的性质及对结论准确性的要求不同而变动，主要依据拒绝域所可能承担的风险来决定。著名英国统计学家 Ronald Fisher 在他的研究中把小概率的标准定为 0.05，所以作为一个普遍适用的原则，人们通常选择显著性水平为 0.05 或比 0.05 更小的概率。常用的显著性水平有 α =0.01、α =0.05、α =0.1 等，当然也可以取其他值。

二、假设检验的步骤

（一）提出原假设和备择假设

对每个假设检验问题，一般可同时提出两个相反的假设：原假设和备择假设。原假设又称零假设，是正待检验的假设，记为 H_0；备择假设是拒绝原假设后可供选择的假设，记为 H_1。原假设和备择假设是相互对立的，检验结果二者必取其一。接受 H_0 则必须拒绝 H_1；拒绝 H_0 则必须接受 H_1。

原假设和备择假设不是随意提出的，应根据所检验问题的具体背景而定。常常是采取"不轻易拒绝原假设"的原则，即把不能轻易否定的命题作为原假设，而相应地把没有足够把握就不能轻易肯定的命题作为备择假设。

假设的提出一般有三种形式，以总体均值的检验为例。

$$H_0 : \mu = \mu_0 ; H_1 : \mu \neq \mu_0 。$$

$$H_0 : \mu \geqslant \mu_0 ; H_1 : \mu < \mu_0 。$$

$$H_0 : \mu \leqslant \mu_0 ; H_1 : \mu > \mu_0 。$$

具体采用哪种假设，需要根据所研究的实际问题而定。如果对所研究问题只需判断有无显著差异或要求同时注意总体参数偏大还是偏小，则采用第一种方式；如果所关心的是总体参数是否比某个值偏大（或偏小），则宜采用第二种（或第三种）方式。

（二）检验统计量的选择与计算

在参数的假设检验中，应选择适当的统计量，并根据样本信息计算检验统计量的值。如同在参数估计中一样，要借助样本统计量进行统计推断。所谓的检验统计量，就是根据样本观测结果计算得到的，并据此对原假设和备择假设做出决策的某个样本的统计量。在具体问题里，选择什么统计量作为检验统计量，需要考虑的因素与参数估计相同。例如，用于进行检验的样本是大样本还是小样本，总体方差已知还是未知等。不同的假设检验问题需要选择不同的统计量作为检验统计量。为叙述方便，通常将标准化检验统计量简称检验统计量。对于总体均值和总体比例的检验，标准化检验统计量可以表示为

$$标准化检验统计量 = \frac{估计量 - 假设值\ (H_0)}{标准误差}$$

（三）选择显著性水平 α ，确定临界值

检验统计量是一个随机变量，随着样本观测结果的不同，它的具体数值也是不同的，但只要已知一组特定的样本观测结果，检验统计量的值也就唯一确定了。假设检验的基本原理就是根据检验统计量建立一个准则，依据这个准则和计算得到的检验统计量的值，就可以决定是否拒绝原假设。

显著性水平表示 H_0 为真时拒绝 H_1 的概率。假设检验是围绕对水平假设内容的审定而展开的。如果我们接受了原假设正确（同时也就拒绝了备择假设），或我们拒绝了原假设错误（同时也就接受了备择假设），这表明我们做出了正确的决定。但是，由于假设检验是根据样本提供的信息进行推断的，也就有犯错误的可能。例如，原假设正确，而我们却把它当成错误的加以拒绝，即犯了第一类错误。犯第一类错误的概率用 α 表示，统计上把 α 称为假设检验中的显著性水平，也就是决策中所面临的风险。所以，显著性水平是指当原假设为正确时人们却把它拒绝了的概率或风险。这个概率是由人们确定的，通常取 α

=0.05 或 α =0.01，这表明当做出接受原假设的决定时，其正确的可能性（概率）为 95% 或 99%，即拒绝原假设所冒的风险。假设检验应用小概率事件实际极少发生的原理，这里的小概率就是指 α。给定了显著性水平 α，就可由有关的概率分布表查得临界值，从而确定 H_0 的接受区域和拒绝区域，临界值就是接受区域和拒绝区域的分界点。

对于不同形式的假设，H_0 的接受区域和拒绝区域也有所不同。双侧检验的拒绝区域位于统计量分布曲线的两侧；而在单侧检验中，如果备择假设具有符号"<"，拒绝区域位于统计量分布曲线的左侧称为左侧检验；如果备择假设具有符号">"，拒绝区域位于统计量分布曲线的右侧称为右侧检验。

（四）比较检验统计量值与临界值，做出判断

根据样本资料计算出检验统计量的具体值，并与临界值比较，做出接受或拒绝原假设 H_0 的判断。如果检验统计量的值落在拒绝区域内，则说明样本所描述的情况与原假设有显著性差异，应拒绝原假设；反之，则接受原假设。

三、单一总体的参数检验

（一）总体均值的假设检验

1. 总体方差已知的假设检验

设总体 $X \sim N(0,1)$，总体方差 σ^2 为已知，$(x_1, x_2, \cdots, x_n)$ 为总体的一个样本，样本平均数为 $\bar{x}$。现在的问题是对总体均值 μ 进行假设检验。$H_0: \mu = \mu_0$（或 $\mu \leqslant \mu_0, \mu \geqslant \mu_0$）。

根据抽样分布定理，样本平均数为 $N\left(\mu, \dfrac{\sigma^2}{n}\right)$，如果 H_0 成立，检验统计量 z 及其分布为

$$z = \frac{\bar{x} - \mu_0}{\dfrac{\sigma}{\sqrt{n}}} \sim N(0,1)$$

检验统计量 z 服从均值为 0、方差为 1 的标准正态分布。

根据已知的总体方差、样本容量 n 和样本平均数 $|z| \geqslant z_{\frac{\alpha}{2}}$，计算出检验统计量 z 的值。对于给定的检验水平，查正态分布表可得临界值，将所计算的 z 值与临界值比较，便可得出检验结论。

（1）双侧检验

在正态分布中，$|z| \geqslant z_{\frac{\alpha}{2}}$ 的概率很小，只有 $\left|z_{\frac{\alpha}{2}}\right| = 1.96$ 大小。例如，$\left|z_{\frac{\alpha}{2}}\right| = 1.96$，临界值 $\left|z_{\frac{\alpha}{2}}\right| = 1.96$，则 $|z| \geqslant 1.96$ 的概率只有 5%。从总体中抽取一个样本，计算 $|z|$ 值，如果该值是大于 1.96 的，则小概率事件发生了，有理由认为该样本不是抽取自假设的总体，所以拒绝原假设。综上所述，双侧检验中的决策规则为

当 $|z| \geqslant z_{\frac{\alpha}{2}}$ 时，拒绝原假设 H_0 ；

当 $|z| < z_{\frac{\alpha}{2}}$ 时，接受原假设 H_0 。

（2）单侧检验

①左侧检验

在正态分布中， $z \leqslant z_\alpha$ 的概率很小，只有 α 大小。例如， $\alpha = 0.05$ ，临界值 $-z_\alpha = -1.645$ ，则 $z \leqslant -z_\alpha$ 的概率只有 5%。若某次抽取样本所计算的 z 值是小于 -1.645 的，则小概率事件发生了，所以拒绝原假设。即左侧检验的决策规则为

当 $z \leqslant -z_\alpha$ 时，拒绝原假设 H_0

当 $z > -z_\alpha$ 时，接受原假设 H_0 。

②右侧检验

在正态分布中， $z \geqslant z_\alpha$ 的概率很小，只有 α 大小。例如， $\alpha = 0.05$ ，临界值 $z_\alpha = 1.645$ ，则 $z \geqslant 1.645$ 的概率只有 5%。若某次抽取样本所计算的 z 值是大于 1.645 的，则小概率事件发生了，所以拒绝原假设。即右侧检验的决策规则为

当 $z \geqslant z_\alpha$ 时，拒绝原假设 H_0 。

当 $z < z_\alpha$ 时，接受原假设 H_0 。

2. 总体方差未知的假设检验

设总体 $X \sim N(\mu, \sigma^2)$ ，但总体方差 σ^2 未知，检验统计量 z 中包含了未知参数 σ ，此时对总体均值的检验不能与上述检验相同。为了得到一个不含未知参数的检验统计量，很自然会用总体方差的无偏估计量——样本方差 $s^2 = \frac{\sum_{i=1}^{n}(x_i - \overline{x})^2}{n-1}$ ，来代替总体方差 σ^2 。此时，样本平均数 $\overline{x}$ 服从期望为 μ 、方差为 s^2 / n 、自由度为 $n-1$ 的 t 分布，因此可以选择 t 作为检验统计量，计算公式为：

$$t = \frac{\overline{x} - \mu_0}{s / \sqrt{n}} \sim t(n-1)$$

根据题意提出假设，构造检验统计量 t ，并根据样本信息计算其具体值；对于给定的检验水平 α ，由 t 分布表查得临界值；将所计算的 t 值与临界值比较，得出检验结论。

双侧检验时，若 $|t| \geqslant t_{\frac{\alpha}{2}}$ ，则拒绝 H_0 。

左侧检验时，若 $t \leqslant -t_\alpha$ ，则拒绝 H_0 。

右侧检验时，若 $t \geqslant t_\alpha$ ，则拒绝 H_0 。

（二）总体比例的假设检验

由比例的抽样分布定理可知，样本比例服从二项分布，因此可由二项分布来确定对总体比例进行假设检验的临界值，但其计算往往十分烦琐。在大样本情况下，二项分布近似服从正态分布。因此，对总体比例的检验通常是在大样本条件下进行的，根据正态分布来近似确定临界值。其检验步骤与均值检验时的步骤基本相同，只是参数和检验统计量的形式不同。

总体比例检验的三种基本形式如下：

双侧检验，$H_0: \pi = \pi_0; H_1: \pi \neq \pi_0$。

左侧检验，$H_0: \pi \geqslant \pi_0; H_1: \pi < \pi_0$。

右侧检验，$H_0: \pi \leqslant \pi_0; H_1: \pi > \pi_0$。

当 np 和 nq 都大于 5 时，样本比例 p 的抽样分布近似服从正态分布，于是构造检验统计量为：

$$z = \frac{p - \pi_0}{\sqrt{\dfrac{\pi_0(1 - \pi_0)}{n}}} \sim N(0,1)$$

第五章　方差与回归分析

第一节　方差分析

一、方差分析的基本问题

（一）方差分析的概念

方差分析是指通过检验各总体的均值是否相等来判断分类型自变量对数据数值型因变量是否有显著影响的统计方法。

在农业研究中研究土壤、肥料、日照、时间等因素对某种农作物产量的影响，不同饲料对牲畜体重增长的效果以及不同行业对顾客满意度的影响等等都可以使用方差分析来解决。与假设检验方法相比，方差分析不仅可以提高检验的效率，同时由于它是将所有的样本信息结合在一起，也就加了分析的可靠性。

为了更好地理解方差分析的含义，我们先通过一个例子来说明方差分析的有关概念及方差分析所要解决的问题。

例：某饮料生产企业研制出一种新型饮料，饮料的颜色共有 4 种，分别为橘黄色、粉色、绿色和无色透明。这 4 种饮料的营养含量、味道、价格、包装等可能影响销售量的因素全部相同，先从地理位置相似、经营规模相仿的 5 家超市收集一段时间该饮料的销售情况，如表 5-1 所示。试分析饮料的颜色是否会对销售量产生影响。

表 5-1　不同颜色饮料在 5 家超市的销售情况

单位：箱

超市	颜色			
	无色	粉色	橘黄色	绿色
1	26.5	31.2	27.9	30.8
2	28.7	28.3	25.1	29.6
3	25.1	30.8	28.5	32.4
4	29.1	27.9	24.2	31.7
5	27.2	29.6	26.5	32.8

要判断"颜色"对销售量是否有显著影响，实际上就是要分析4种颜色之间的销售销量是否有显著差异，最终归结为检验这4种颜色饮料销量的均值是否相等。如果它们的均值相等，即4种不同颜色饮料之间的销售量没有显著差异，就意味着"颜色"对销售量没有显著影响；反之，如果它们的均值不完全相等，则意味着"颜色"对销售量是有显著影响的。

在方差分析中，被检验是否有影响作用的对象称为因素或因子；因素的不同表现，称为水平或处理；每个因子水平下得到的样本数据称为观测值。在本例中，要分析颜色对销售量是否有显著影响，这里的"颜色"是要检验的对象，它被称为"因素"或"因子"；无色、粉色、橘黄色和绿色是"颜色"这一因素的具体体现，称之为"水平"或"处理"；在每个颜色下得到的样本数据（销售量）称为观测值。由于这里只涉及一个因素，因此称其为单因素水平的试验。因素的每一个水平都可以看作是一个总体。如无色、粉色、橘黄色、绿色可以看作四个总体，上面的数据可以看作是从这四个总体中抽取的样本数据。

（二）方差分析中的统计思想

1.两类误差

方差分析是研究分类自变量对数值因变量的影响。虽然感兴趣的是均值，但在判断均值之间是否有差异时借助的是方差这个统计量，这恰是方差分析的名字来源。这个名字还表示，它是通过对数据误差来源的分析来判断不同总体的均值是否相等，进而分析自变量对因变量是否有显著影响。因此，进行方差分析时需要考察数据误差的来源。

从误差来源的角度看，方差分析涉及随机误差和系统误差。

随机误差是指在因素的同一水平（同一个总体）下，样本的各观测值之间的差异；系统误差是指在因素的不同水平（不同总体），各观测值之间的差异。

同一种颜色的饮料，在不同超市的销售量是不同的，由于超市是随机抽取的，因此这种差异可以看作是随机因素的影响，或者说是由于抽样的随机性造成的随机误差。在同一家超市，不同颜色的饮料的销售量是不同的，这种差异可能是由于抽样的随机性造成的，也可能是由于颜色本身所造成的，那么由颜色所造成的误差是由系统性因素造成的，即系统误差。

从总误差分解的角度来说，方差分析又涉及组内误差和组间误差。

组内误差是指在因素的同一水平（同一个总体）下样品样本数据的误差，即来自水平内部的数据误差，它只包含随机误差；组间误差是指在因素的不同水平（不同总体下）各样本之间的误差，即来自不同水平之间的数据误差。它既包含随机误差也包含系统误差。

我们从销售无色饮料的所有超市中抽取5家超市。这5家超市销售量之间的误差就是组内误差，它反映了一个样本内部数据的离散程度。而4种颜色销售量之间的误差则是组间误差，它反映了取自不同总体的样本之间数据的离散程度。既可能是由于抽样本身形成的随机误差，也可能是由于颜色本身这一系统性因素造成的系统误差。

在方差分析中，数据的误差是用平方和表示的。反映全部数据误差大小的平方和称为总平方和，记为 SST。例如，5 家超市的 20 个观测值之间的误差就是总平方和，它反映了全部观测值的离散情况。

反映组内误差大小的平方和称为组内平方和，也称为误差平方和或残差平方和，记为 SSE。例如，同一种颜色的饮料，5 家超市销售量的数据平方和加在一起就是组内平方和。

反映组间误差大小的平方和称为组间平方和，也称为因素平方和，记为 SS/G。例如，四种颜色饮料的销售量之间的误差平方就是组间平方和，它反映了样本均值之间的差异程度。

2. 误差分析

如果饮料颜色（因素）对销售量（因变量）没有影响，那么在组间误差中就只包含随机误差，而没有系统误差。这时，组间误差与组内误差经过平均后的数值（分别称为组间平方、组内平方）就应当很接近，它们的比值会接近于 1。反之，如果饮料颜色对销售量有影响，则组间误差中除包含随机误差外还会包含系统误差，这时组间均方就会大于组内均方，二者的比值就会大于 1。当比值大到某种程度的时候，就可认为因素的不同水平之间存在着显著差异，也就是自变量对因变量有着显著影响。因此，判断饮料颜色对销售量是否有显著影响的问题，实际上就是检验销售量的差异是由什么原因引起的。如果这种差异主要是系统误差，那么就可认为饮料颜色对销售量有显著影响。

3. 方差分析中的假定

方差分析中有三个基本假定：①每个总体都应服从正态分布。也就是说，对于因素的每一个水平，其观测值都是来自正态总体的简单随机样本。②每个总体的方差相等。该假定要求各观测数据是从具有相同方差的总体中抽取的。③观测值彼此独立，在上述例子中，要求每个超市不同颜色的销售量都与其他超市不同颜色的销售量独立。

在上述假定条件下判断饮料颜色对销售量是否有显著影响，实际上是检验具有相同方差的四个正态总体的均值是否相等。

如果不能拒绝原假设 H_0：$\mu_{\bar{x}1} = \mu_{\bar{x}2} = \mu_{\bar{x}3} = \mu_{\bar{x}4}$，则我们不能拒绝四种颜色饮料销售量的均值都相等，不存在系统误差，这意味着每个样本都来自均值的方差为 σ^2 的正态总体。

如果拒绝原假设，则 $\mu_{\bar{x}i}(i=1,2,3,4)$ 不全相等。也就是说，至少有一个总体的均值是与其他总体显著不同的，存在系统误差，这就意味着四个样本不是来自同一正态总体。

二、单因素方差分析

根据所分析分类型自变量的多少,方差分析可分为单因素方差分析和双因素方差分析。只涉及一个分类型自变量的方差分析称为单因素方差分析。

(一)数据结构

首先引入单因素方差分析的数据结构问题。进行单因素方差分析时,我们所要求的数据结构形式如表 5-2 所示。

表 5-2　单因素方差分析的数据结构

样本观测(j)	因子(A_i)		
	A_1	A_2	A_r
1	X_{11}	X_{21}	X_{r1}
2	X_{12}	X_{22}	X_{r2}
m	X_{1m}	X_{2m}	X_{rm}

设要考虑一个因素 A 的 r 个不同水平对所考察对象的影响作用,根据方差分析思想,我们首先将在每一个水平下考察的指标可以看成是一个总体。表中 $X_{ij}(i=1,2,\cdots,r;j=1,2,\cdots,m)$ 表示样本试验值,$A_i(i=1,2,\cdots,r)$ 表因素 A 的各个水平,一共有 r 个水平,每个水平下有 m 个监测值,因此,总样本量为 $n=rm$。例如,X_{11} 表示第一个水平下的第一个样本观测值,X_{rm} 表示第 r 个水平下的第 m 个样本观测值。需要说明的是,各个水平下的样本量可以相等也可以不等。

(二)分析步骤

要检验因素 A(分类型自变量)对因变量的影响作用是否显著,就是要检验因素 A 各个水平因变量的均值是否相等,这与假设检验的思路相似,在此将单因素方差分析的步骤归纳为五步。

1.提出假设即建立原假设与备择假设

从上面的分析可以看出,原假设应为各因子水平相应变量的均值相等。备择假设为各因子水平下因变量的均值不全相等,数学形式为:

H_0：　$\mu_{\bar{x}1}=\mu_{\bar{x}2}=\cdots=\mu_{\bar{x}i}=\cdots=\mu_{\bar{x}r}$ 自变量对因变量没有显著影响

H_1：　$\mu_{\bar{x}i}(i=1,2,\cdots,r)$ 不全相等

自变量对因变量有显著影响

式中,$\mu_{\bar{x}i}$ 为因素第 i 个水平下的总体均值。

如果拒绝原假设，意味着自变量对因变量有显著影响，也就是自变量与因变量有显著关系；如果不拒绝原假设，则没有证据表明自变量对因变量有显著影响，也就是说，不能认为自变量与因变量有显著关系。

2. 构造检验统计量及确定分布

为了检验比是否成立，需要确定检验的统计量。那么，该如何构造这个统计量呢？需要从总平方和的分解入手，这里结合表 5-1 的数据结构说明一下计算过程。

首先需要计算前面提到的三个误差平方和，它们是总平方和 SST、组间平方和（因素平方和）SSA 和组内平方和（误差平方和或残差平方和）SSE，它们的数学形式为：

$$SST = \sum_{i=1}^{r} \sum_{j=1}^{m} \left(\chi_{ij} - \bar{x} \right)^2$$

$$SSA = \sum_{i=1}^{r} \sum_{j=1}^{m} \left(\bar{\chi}_i - \bar{\chi} \right)^2$$

$$SSE = \sum_{i=1}^{r} \sum_{j=1}^{m} \left(\chi_{ij} - \bar{\chi}_i \right)^2$$

式中，$\bar{\chi}_i = \dfrac{1}{m} \sum_{j=1}^{m} \chi_{ij}$ 表示因素第 i 个水平下的样本均值，$\bar{\chi} = \dfrac{1}{rm} \sum_{i=1}^{r} \sum_{j=1}^{m} \chi_{ij}$ 表示所有样本的均值。

不难验证 SST=SSA+SSE

从上述三个误差平方和可以看出，SSA 是对随机误差和系统误差大小的度量，它反映了自变量（饮料颜色）对因变量（销售量）的影响，也称为自变量效应或因子效应。SSE 是对随机误差大小的度量，它反映了除自变量对因变量的影响之外其他因素对因变量的影响，因此 SSE 也被称为残差变量，它所引起的误差也称为残差效应。SST 是全部数据总误差程度的度量，它反映了自变量和残差变量的共同影响，因此它等于因子效应加残差效应。

由于各误差平方和的大小与观测值的多少有关，为了消除观测值对误差平方和大小的影响，需要将其平均。也就是用各平方和除以它们对应的自由度，这一结果称为均方，也称为方差。三个平方和所对应的自由度分别为：

SST= 的自由度为 $n-1, n = rm$ 为总观测值个数，m 为每个水平下的观测值个数。

SSA 的自由度为 $r-1, r$ 为因素水平数。

SSE 的自由度为 $n-r$。

由于要比较的是组间均方和组内均方之间的差异，所以通常应计算 SSA 的均方和 SSE 的均方。SSA 的均方为 MSA，SSE 的均方为二者的计算公式分别为：

$$MSA = \frac{SSA}{r-1}$$

$$MSE = \frac{SSE}{n-r}$$

3. 依据样本信息计算检验统计量的实际值

要检验 H_0 是否成立，需要依据样本信息得出检验统计量的样本实际值，下面将逐一讲解计算过程，数据结构依照表 5-2：

（1）计算各个因素水平下的样本均值

$$\overline{\chi}_i = \frac{1}{m}\sum_{j=1}^{m}\chi_{ij}(i=1,2,\cdots,r)$$

式中 χ_{ij} 表示第 i 个水平下的第 j 个样本观测值，m 为该水平下的样本观测值个数，r 为所有因素水平个数。

（2）计算所有因素水平下全部样本的总均值

$$\overline{\chi} = \frac{1}{rm}\sum_{i=1}^{r}\sum_{j=1}^{m}\chi_{ij} = \frac{1}{r}\sum_{i=1}^{r}\overline{\chi}_i = \frac{1}{n}\sum_{i=1}^{r}\sum_{j=1}^{m}\chi_{ij}(i=1,2,\cdots,r;j=1,2\cdots,m)$$

式中，$n=rm$。

（3）计算误差平方和

根据前面给出的总误差平方和 SST、组间平方和 SSA 和组内平方和 SSE 的计算公式，分别计算这三个统计量的样本值。

（4）计算组间均方和组内均方及检验统计量的样本值

组间均方（MSA）和组内均方（MSE）的计算公式为：

$$MSA = \frac{SSA}{r-1}$$

$$MSE = \frac{SSE}{n-r}$$

两者相比即得到检验统计量的样本值：$F = \dfrac{MSA}{MSE}$

4. 设定检验的显著性水平 α 并确定临界值

根据事先设定的显著性水平 α，在 F 分布表中查找分子自由度为 $df_1 = r-1$，分母自由度为 $df_2 = n-r$ 所对应的临界值 $F_\alpha(r-1,n-r)$。

第二节　回归分析

一、相关与回归分析的一般问题

（一）函数关系与相关关系

变量之间的关系可以是确定性的关系，也可以是非确定性的关系。例如，电路中的欧姆定律表述了电压、电阻和电流之间的关系为：

电压 = 电流 × 电阻

已知其中两个量，另一个量就完全确定了。又如，一个正方形的边长（a）确定了，它的面积（$S = a^2$）随之确定等。这是变量间确定性关系的例子，数学上称为函数关系。社会经济活动中确定性的函数关系有很多。例如，在计件工资制中，工人的工资额由加工的零件件数确定；在销售价格一定的情况下，商品销售额完全由商品销售量确定；当利率是常数时，本息和由本金及贷款周期数确定等。但这不是统计学讨论的内容。

客观世界中，在很多情况下，变量间的关系没有那么简单。例如，农业生产中，农作物的产量与施肥量的关系。在一定范围内，施肥量多，作物产量就高，但是不能完全由施肥量确定农作物的产量。又如，企业规模与经营费用的关系，工资增长与劳动生产率变动的关系，家庭收入水平与支出的关系，人的年龄与其身高、体重的关系，合成纤维的强度与拉伸倍数之间的关系等。可以举出许许多多关于工、农业生产及社会经济生活中的相互依存、相互制约、相互影响的变量的例子。这些变量之间既存在着密切的关系，又不能完全由一个（或几个）变量的值确定另一个变量的值。这种变量之间的非确定性关系称为相关关系。这才是统计学所要研究的内容。

相关关系与函数关系不同，不能像函数关系那样由一种（或几种）变量的数值精确地计算出另一变量的数值。但变量之间也有联系。在对具有相关关系的现象进行分析时，必须利用相应的函数关系数学表达式来表明现象之间的关系。

变量之间的相关关系有的表现为因果关系，有的则不是。例如，在其他条件不变的前提下，机器的维修费用与使用年限之间有相关关系。在这里，使用年限是起决定性作用的变量，称为自变量，一般用 x 表示；维修费用是随使用年限变化的变量，称之为因变量，一般用 y 表示。x 与 y 之间的关系就是因果关系，两者的作用不能互换，即因变量随自变量的变动而变动。有时两个变量之间虽存在相关关系，但并非明显的因果关系。例如，小学生的语文成绩与数学成绩之间有相关关系，很难确定哪个是因、哪个是果，此时，需要

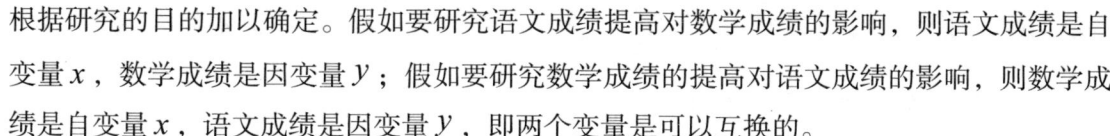

根据研究的目的加以确定。假如要研究语文成绩提高对数学成绩的影响，则语文成绩是自变量 x ，数学成绩是因变量 y ；假如要研究数学成绩的提高对语文成绩的影响，则数学成绩是自变量 x ，语文成绩是因变量 y ，即两个变量是可以互换的。

（二）相关关系的种类

1. 按相关的程度分

按相关的程度，相关关系可分为完全相关、不相关和不完全相关。

完全相关是指在两个变量中，当一个变量变化时，另一个变量的变化随之完全确定，二者之间实际上就是确定性的函数关系。

不相关是指两个变量互不影响、各自独立。例如，市场上西红柿的销售量与毛衣的销售量不存在相关关系，即不相关。

介于完全相关与不相关之间的关系称为不完全相关。一般的相关现象都属于这种情况，这是相关分析的主要研究对象。

2. 按相关的方向分

按相关的方向，相关关系可分为正相关和负相关。

正相关是指两个变量变动方向相同，即自变量 x 增加，因变量 y 也随之增加；自变量 x 减少，因变量 y 也随之减少。例如，身高和体重，居民的收入和支出，粮食的施肥量与产量等。

负相关是指两个变量变动方向相反，即自变量 x 增加，因变量 y 随之减少；自变量 x 减少，因变量 y 却随之增加。例如，产品总产量和产品单位成本，商品销售价格与商品销售量，商品的流通费用与销售利润额等。

3. 按相关的表现形式分

按相关的表现形式，相关关系可分为直线相关和曲线相关。

直线相关是指根据两个变量对应的数值确定的点（即相关点）的分布，在平面直角坐标图中大致呈一条直线的相关表现形式。直线相关也称为线性相关。

曲线相关是指根据两个变量对应的数值确定的点（即相关点）的分布，在平面直角坐标图中大致呈一条曲线的相关表现形式，如抛物线、指数曲线、双曲线等。曲线相关也称为非线性相关。

4. 按影响因素的多少分

按影响因素的多少，相关关系可分为单相关和复相关。

单相关是指现象之间的相关因素只涉及一个自变量和一个因变量，如身高和体重，降雨量与单位面积产量，总产量与单位成本。单相关也称为一元相关。

复相关是指现象之间的相关因素涉及多个自变量和因变量，如降水量、施肥量与粮食产量，资金周转速度、流通费用、销售量、销售价格与利润。复相关也称为多元相关。

（三）相关分析与回归分析

相关关系是现象与现象之间由于受多种因素的复杂影响，其量变关系不能完全确定，当一种现象的数量确定以后，另一种现象的数量只在一定范围内变化，现象之间的关系存在不确定性。但现象之间的这种不确定性关系并不是杂乱无章、无规律可循的，大量的偶然性中蕴含着必然性的规律，经过多次实践和调查研究能够发现变量之间存在的某种客观规律。讨论变量之间是否相关及其相关程度，寻求其量变规律，就是相关分析与回归分析的任务。相关分析与回归分析都是研究关于度量相关变量之间关系的统计方法。在进行分析时，需选择其中之一作为因变量，而其余变量作为自变量，然后根据资料，研究测定自变量与因变量之间的关系，确定其相关程度。

1. 相关分析与回归分析之间的联系与区别

从广义上讲，相关分析包括回归分析。在研究现象之间的相互依存关系时，一般先进行相关分析，测定相关现象之间的相关程度大小，再决定是否需要进行回归分析。因此，相关分析是回归分析的基础和前提，回归分析是相关分析的深入和继续。

严格来说，相关分析与回归分析又有区别。相关分析是研究各个变量之间有无相关关系及相关关系的密切程度的方法。如果变量之间存在密切的相关关系，则可通过求回归方程式的方法找出它们之间的经验公式。回归分析是借助于函数关系式建立变量相关关系的数学表达式，以此来研究变量之间的数量变动关系。再者，相关分析反映变量之间的密切程度，无须明确自变量和因变量；而回归分析是借助函数关系式反映自变量的变动对因变量的影响，必须明确自变量和因变量，当自变量与因变量位置互换时所得的回归方程不同。

2. 相关分析与回归分析的主要内容

相关分析与回归分析的主要目的，是对现象之间的相互关系的密切程度及表现的规律性进行数量上的推断和认识，进一步找出相互关系的数学模型，以便进行统计预测和推算，为制订计划、做决策提供统计资料。因此，其主要应解决以下四个问题：①确定变量之间是否存在相关关系。只有明确变量之间存在相关关系，才可能进行相关分析。可运用定性分析的方法，通过编制相关表或绘制相关图来确定变量之间是否存在相关关系。②确定相关关系的表现形式、密切程度和相关方向。如果判定现象间存在相关关系，则需通过定量分析，找出它们之间依存关系的适当数学模型，即回归方程，确定相关关系的表现形式、密切程度及相关方向，这是进行判断、推算和预测的基础。③根据一个或几个变量的值预测或控制另一个变量的值，并估计预测或控制的精确程度。建立回归方程之后，通过测定因变量估计值和实际观测值之间的差异大小，检验因变量估计值的代表性，以此来判定回归方程的拟合精度。④进行因素分析。若有多个因素（变量）影响一个因素（变量），找

出因素的主次，分析因素间的关系。

二、相关关系的判断

（一）相关表和相关图

在进行相关分析之前，需要运用定性分析的方法，通过编制相关表和绘制相关图来判断现象之间是否存在相关关系。

1. 相关表

相关表就是将自变量和对应的因变量数值一一对应排列所形成的统计表格。通过相关表可初步看出相关关系的形式、密切程度和相关方向。相关表有简单相关表和分组相关表两种。

（1）简单相关表

按两组相对应的变量值编制的统计表称为简单相关表。

例：某地 12 个企业的工业总产值与税利总额的有关数据如表 5-3 所示。

表 5-3　某地 12 个企业的工业总产值与税利总额

企业编号	工业总产值 x / 万元	税利总额 y / 万元
1	150	24
2	350	80
3	420	84
4	450	86
5	660	240
6	700	270
7	820	305
8	930	328
9	1 380	365
10	1 430	388
11	1 690	398
12	2 300	472

该表是一张简单相关表，从中可看出，随着工业总产值的增加，税利总额呈现增长的趋势。

（2）分组相关表

若原始资料很多，就不便采用简单相关表表示，而应首先对资料进行分组，然后编制分组相关表。分组相关表包括单变量分组表和双变量分组表。

①单变量分组表

当原始资料较多时，仅对自变量数值进行分组而编制的相关表就是单变量分组表。

例：某地区商品销售额与流通费用率资料如表 5-4 所示。

表 5-4　某地区商品销售额与流通费用率

分组序号	销售额 / 万元	商家数量 / 个	平均流通费用率 /%
1	150 以下	10	9.8
2	50 ~ 100	20	7.6
3	100 ~ 150	36	7.3
4	150 ~ 200	48	7.1
5	200 ~ 250	67	6.7
6	250 ~ 300	52	6.6
7	300 ~ 350	36	6.4

由表 5-4 可以看出，所有商家按销售额分为 7 组，每组商家数量不等，其平均流通费用率也不相同。所列资料表明，随销售额的增加，平均流通费用率呈下降之势。该表仅按自变量销售额分组，而未对平均流通费用率分组，属单变量分组表。

②双变量分组表

双变量分组表是对两种变量进行分组，并交叉排列，列出两种变量各组间的共同次数。编制双变量分组表的方法是：将自变量放在纵栏标题上，并将变量值从小到大、自左至右排列；将因变量放在横栏标题上，并将变量值从大到小、自上而下排列。这种编制方法可使相关表与相关图保持一致，便于进行相关分析。

例：沿用表 5-3 资料，对某地企业按工业总产值与税利进行分组，如表 5-5 所示。

表 5-5　某地企业工业总产值与税利

单位：万元

税利 y	工业总产值 x					
	100 ~ 500	500 ~ 1 000	1 000 ~ 1 500	1 500 ~ 2 000	2 000 ~ 2 500	合计
450 ~ 600	—	—	—	—	1	1
300 ~ 450	—	2	2	1	—	5
150 ~ 300	—	2				2
0 ~ 150	4	—	—	—	—	4
合计	4	4	2	1	1	12

该表为一张双变量分组表，是按照相关图的形式进行设计的，形成图表相结合的模式，可据此初步判断两种变量间相关关系的形式、程度和方向。

（二）相关图

相关图也称散点图。在坐标图中，用横轴表示自变量 x，纵轴表示因变量 y，将两种变量对应的数值标在图中表示其分布状况。相关点分布的越密集，表明相关关系越紧密；若相关点分布毫无规律，则表明现象之间没有相关关系或存在低度的相关关系。

（三）相关系数

1. 相关系数的范围及判定标准

线性相关关系的密切程度是通过相关系数来测量的。相关系数是在直线相关的条件下说明两个现象之间相关关系密切程度的统计分析指标，通常用 r 表示。

相关系数的取值范围在 –1 到 +1 之间，即 $-1 \leqslant r \leqslant +1$，或 $|r| \leqslant 1$。$|r|$ 越接近于 1，表明相关的密切程度越高；$|r|$ 越接近于 0，表明相关的密切程度越低。r 的符号表示相关的方向，r 为正，表示正相关关系；r 为负，表示负相关关系。

在根据 r 取值判定相关关系的密切程度时，通常的划分标准为 $|r| < 0.3$，视为无线性相关；r 在 0.3 ~ 0.5，视为低度线性相关；r 在 0.5 ~ 0.8，视为显著相关；r 在 0.8 以上，则是高度的密切相关。

2. 相关系数的计算

根据相关系数的定义，可按以下公式计算：

$$r = \frac{\delta_{xy}^2}{\delta_x \delta_y} = \frac{\dfrac{\sum\limits_{i=1}^{n} (x_i - \overline{x})(y_i - \overline{y})}{n}}{\sqrt{\dfrac{\sum\limits_{i=1}^{n} (x_i - \overline{x})^2}{n}} \cdot \sqrt{\dfrac{\sum\limits_{i=1}^{n} (y_i - \overline{y})^2}{n}}}$$

式中：n —— 资料项数。

$\overline{x}$ —— x 变量数列的算术平均数。

$\overline{y}$ —— y 变量数列的算术平均数。

δ_x —— x 变量数列的标准差。

δ_y —— y 变量数列的标准差。

δ_{xy} —— x，y 两个变量数列的协方差。

将上式的分子、分母同时约掉公因子 $\dfrac{1}{n}$，则公式变形为：

$$r = \frac{\sum\limits_{i=1}^{n} (x_i - \overline{x})(y_i - \overline{y})}{\sqrt{\sum\limits_{i=1}^{n} (x_i - \overline{x})^2 \cdot \sum\limits_{i=1}^{n} (y_i - \overline{y})^2}}$$

由于相关系数是通过将各个离差相乘来说明现象之间的线性相关程度的，因此这种方法通常也被称为"积差法"。

按定义公式计算相关系数的过程运算量大，计算烦琐。因此，在实际分析中多采用由定义公式推导出的简捷公式计算相关系数。其简捷公式为：

$$r = \frac{n\sum\limits_{i=1}^{n} x_i y_i - \sum\limits_{i=1}^{n} x_i \sum\limits_{i=1}^{n} y_i}{\sqrt{n\sum\limits_{i=1}^{n} x_i^2 - \left(\sum\limits_{i=1}^{n} x_i\right)^2} \cdot \sqrt{n\sum\limits_{i=1}^{n} y_i^2 - \left(\sum\limits_{i=1}^{n} y_i\right)^2}}$$

按照上式计算相关系数，只需计算出 xy, x^2, y^2 就可以了，大过列表的方式计算 xy, x^2, y^2。下面举例说明 r 的计算方法。

例：某地 7 个企业的工业总产值、税利总额及相关系数计算的有表 5-6 相关系数计算

表 5-6 相关系数计算

序号	工业总产值 x	税利总额 y	xy	x^2	y^2
1	150	24	3 600	22 500	576
2	350	80	28 000	122 500	6 400
3	420	84	35 280	176 400	7 056
4	450	86	38 700	202 500	7 396
5	660	240	158 400	435 600	57 600
6	700	270	189 000	490 000	72 900
7	820	305	250 100	672 400	93 025
合计	3 550	1 089	7 030 080	2 121 900	244 953

根据表 5-6 所列数据，计算相关系数如下：

$$r = \frac{n\sum\limits_{i=1}^{n} x_i y_i - \sum\limits_{i=1}^{n} x_i \sum\limits_{i=1}^{n} y_i}{\sqrt{n\sum\limits_{i=1}^{n} x_i^2 - \left(\sum\limits_{i=1}^{n} x_i\right)^2} \cdot \sqrt{n\sum\limits_{i=1}^{n} y_i^2 - \left(\sum\limits_{i=1}^{n} y_i\right)^2}}$$

$$= \frac{7 \times 703080 - 3550 \times 1089}{\sqrt{7 \times 2121900 - (3550)^2} \cdot \sqrt{7 \times 244953 - (1089)^2}}$$

$$= 0.9676$$

据此可判断工业总产值 x 与税利总额 y 有高度的线性相关关系。

三、一元线性回归分析

英国生物学家高尔顿在研究中建立的数学公式被称为回归方程式，其真正含义是关系方程式或估计方程式。

在统计分析中，如果运用相关分析的方法判断出现象存在线性相关关系，且相关程度较高，就可依据相关数列配合一条直线反映变量之间的数量关系。统计上把这条直线称为回归直线，把这条直线的数学关系式叫作回归方程。回归分析的主要内容是根据相关数列的资料配合直线方程、检验直线方程的拟合精度，并进行预测。在回归分析中，所研究的各个变量不是对等关系，必须先根据研究目的确定自变量和因变量。自变量是可控制变量，因变量是随机变量。在相关分析中，各个变量都是随机变量。

由于变量之间关系的复杂性，回归方程有多种类型和形式，本节将介绍最基本的一元线性回归方程。

（一）一元线性回归模型

一元线性回归模型又称简单回归模型，是用来描述因变量 y 依赖于自变量 x 和误差项 ε 的方程。一元线性回归模型可表示为：

$$y = \alpha + \beta x + \varepsilon$$

在一元线性回归模型中，y 是 x 的线性函数（ $\alpha + \beta x$ 部分）加上误差项 ε。$\alpha + \beta x$ 反映了由于 x 的变化而引起的 y 的线性变化；ε 被称为随机误差项，反映了除 x 和 y 之间的线性关系之外的其他因素对 y 的影响，是不能由 x 和 y 之间的线性关系所解释的变异性。通常假定误差项 ε 是一个服从正态分布的随机变量，且相互独立，即 $\varepsilon \sim N(0, \sigma^2)$。对于所有的 x 值，ε 的均值均为零，方差 σ^2 都相同。式中的 α 和 β 称为模型的参数。

由于 ε 的均值均为零，故一元线性回归模型还可以表现为如下均值的形式：

$$E(y) = \alpha + \beta x$$

式子也称为一元线性回归方程，在图形上表示为一条截距为 α、斜率为 β 的直线，这条直线称为一元线性回归直线。斜率 β 表示 x 每变动一个单位时 y 的均值的变化，即当 x 每增加一个单位时，y 平均变化 β 个单位。回归分析的主要任务之一就是对参数 α 和 β 进行估计。

一元线性回归模型应具备以下三个条件：①两个变量之间确定存在着显著的相关关系。如果相关关系不显著或没有相关关系，则配合的回归模型就没有意义。②两个变量之间确定存在着直线相关关系。表现在相关图中，相关点的分布大致呈直线形，才能配合一元回归直线模型。③必须具备一定数量的变量观测值。若观测值太少，受随机因素的影响较大，则不易观察出现象变动的规律性。

（二）一元线性回归模型的估计

1. 估计的回归方程

设有两个变量 x 与 y，x 是可以控制的变量，作为自变量；y 表示因变量，即随机变量。取 x 的 n 个样本观测数值 $x_1, x_2, \cdots, x_n$，通过试验或观测得到 y 的 n 个样本观测值 $y_1, y_2, \cdots, y_n$。习惯上，把（x_i，y_i）（$i = 1, 2, \cdots, n$）统称为样本观测值。

为了对一元线性回归方程中的参数 α 和 β 进行估计，我们把这 n 对数据（x_1, y_1），（x_2, y_2），$\cdots$，（x_n, y_n）描绘在直角坐标系中，即为相关图，又称散点图。这些点大体在一个带形区域内，即 x 与 y 呈简单的线性相关关系。假设它们之间有如下关系：

$$\hat{y} = a + bx$$

式中，$\hat{y}$ 表示对 y 的期望值 $E(y)$ 的回归估计值或拟合值；a 和 b 是对一元线性回归模型中的参数 α 和 β 的估计，式 $\hat{y} = a + bx$ 称为一元线性经验或估计的回归方程，在图形中表示为样本回归直线。

其实，$\hat{y}$ 不仅可以作为 y 的期望值 $E(y)$ 的回归估计值，也可以作为 y 的估计值。y 与 $\hat{y}$ 的偏差称为残差项，用 e 表示，则 $y - \hat{y} = e$，残差项 e 可以当作对随机误差项 ε 的估计。

2. 参数 α 和 β 的最小二乘法估计

通常采用最小二乘法的原理，计算得到回归模型参数 α 和 β 的估计值 a 和 b。

根据最小二乘法原理，实际观测值 y 与估计值 $\hat{y}$ 的残差平方和等于最小值，即

$$\sum_{i=1}^{n}(y_i - \hat{y}_i)^2 = \sum_{i=1}^{n}(y_i - a - bx_i)^2 = \sum_{i=1}^{n}e_i^2 = 最小值。$$

由二元函数极值原理有下列标准方程组成立：

$$\begin{cases} na + b\sum_{i=1}^{n}x_i = \sum_{i=1}^{n}y_i \\ a\sum_{i=1}^{n}x_i + b\sum_{i=1}^{n}x_i^2 = \sum_{i=1}^{n}x_iy_i \end{cases}$$

记 $\overline{x} = \dfrac{1}{n}\sum x_i, \overline{y} = \dfrac{1}{n}\sum y_i$，则上面的方程组变为：

$$\begin{cases} a + b\overline{x} = \overline{y} \\ a\overline{x} + b \cdot \dfrac{1}{n}\sum_{i=1}^{n}x_i^2 = \dfrac{1}{n}\sum_{i=1}^{n}x_iy_i \end{cases}$$

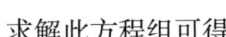

求解此方程组可得

$$b = \frac{n\sum\limits_{i=1}^{n} x_i y_i - \sum\limits_{i=1}^{n} x_i \sum\limits_{i=1}^{n} y_i}{n\sum\limits_{i=1}^{n} x_i^2 - \left(\sum\limits_{i=1}^{n} x_i^2\right)} = \frac{\sum\limits_{i=1}^{n} x_i y_i - n\overline{xy}}{\sum\limits_{i=1}^{n} x_i^2 - n\overline{x}^2}$$

$$a = \frac{\sum\limits_{i=1}^{n} y_i}{n} - b \cdot \frac{\sum\limits_{i=1}^{n} x_i}{n} = \overline{y} - b \cdot \overline{x}$$

式中，a 和 b 是对一元线性回归模型中的参数 α 和 β 的估计，$\overline{x}$ 和 $\overline{y}$ 分别为样本观测值 x_i 和 y_i 的平均值。

例：某地区 8 个企业生产产品的月产量和生产费用，以及确定回归方程所需数据资料如表 5-7 所示。

（1）计算该地区生产产品产量与生产费用之间的相关系数，说明二者之间的相关程度及方向。

（2）根据表中资料配合该地区企业生产产品产量与生产费用推导估计的一元线性回归方程。

（3）如果下年度该地区生产产品的月产量为 9 千吨，请预测其生产费用。

表 5-7　某地区 8 个企业月产量和生产费用

月产量 x_i / 千吨	生产费用 y_i / 万元	$x_i y_i$	x_i^2	y_i^2
1.2	62	74.4	1.44	3 844
2.0	82	172.0	4.00	7 396
3.1	80	248.0	9.61	6 400
3.8	110	418.0	14.44	12 100
5.0	115	575.0	25.00	13 225
6.1	132	805.2	37.21	17 424
7.2	135	972.0	51.84	18 225
8.0	160	1 280.0	64.00	25 600
36.4	880	4 544.6	207.54	104 214

（1）该地区生产产品产量与生产费用之间的相关系数为：

$$r = \frac{n\sum\limits_{i=1}^{n} x_i y_i - \sum\limits_{i=1}^{n} x_i \sum\limits_{i=1}^{n} y_i}{\sqrt{n\sum\limits_{i=1}^{n} x_i^2 - \left(\sum\limits_{i=1}^{n} x_i\right)^2} \cdot \sqrt{n\sum\limits_{i=1}^{n} y_i^2 - \left(\sum\limits_{i=1}^{n} y_i\right)^2}}$$

$$= \frac{8.0 \times 4544.6 - 36.4 \times 880}{\sqrt{8.0 \times 207.54 - 36.4^2} \cdot \sqrt{8.0 \times 104214 - 880^2}}$$

$$= 0.97$$

计算结果说明，该地区产品生产产量与生产费用之间存在高度的正相关关系，可以采用一元线性回归模型。

（2）一元线性估计的回归方程为 $\hat{y}_i = a + bx_i$。

$$b = \frac{n\sum\limits_{i=1}^{n} x_i y_i - \sum\limits_{i=1}^{n} x_i \sum\limits_{i=1}^{n} y_i}{n\sum\limits_{i=1}^{n} x_i^2 - \left(\sum\limits_{i=1}^{n} x_i\right)^2} = \frac{8.0 \times 4544.6 - 36.4 \times 880}{8.0 \times 207.54 - 36.42^2} = 12.986$$

$$a = \frac{\sum\limits_{i=1}^{n} y_i}{n} - b \cdot \frac{\sum\limits_{i=1}^{n} x_i}{n} = \frac{880}{8.0} - 12.986 \times \frac{36.4}{8.0} = 51.323$$

因此，估计的直线回归方程为

$$\hat{y}_i = 51.323 + 12.896 x_i$$

回归方程的经济意义是，当月产量每增加 1 000 吨时，生产费用平均增加 12.896 万元。

（3）利用估计的回归方程可以进行预测，如果该企业下一年月产量为 9 000 吨，在其他条件相对稳定时，其生产费用将达到 $\hat{y}_i = 51.323 + 12.896 \times 9 = 167.387$（万元）。

（三）一元线性回归模型的评价

1. 拟合优度的评价

拟合优度是指估计出的样本回归方程（样本回归直线）对样本观测值数据拟合的优劣程度，即样本观测值聚集在样本回归线周围的紧密程度。

（1）可决系数

最常用的拟合优度评价指标是可决系数 R^2，又称判定系数，它是建立在对因变量 y 总离差平方和进行分解的基础上的。

在直线回归中，观测值 y 的取值大小是上下波动的，但这种波动总是围绕其均值在一定范围内。统计上将 y 取值的这种波动现象称为变差，这种变差的产生是由两方面原因引受自变量变动的影响：①受自变量变动的影响；②随机因素的影响。

为了分析这两个方面的影响，需要对总的变差进行分解。

$$\sum_{i=1}^{n}\left(\overline{y}_i - \overline{y}\right)^2 = \sum_{i=1}^{n}\left(\hat{y}_i - \overline{y}\right)^2 + \sum_{i=1}^{n}\left(y_i - y_i\right)^2$$

式中，因变量 y 的样本观测值与其平均值的离差平方和 $\sum_{i=1}^{n}(y_i-\overline{y})^2$ 称为总离差平方和 SST；因变量 y 的样本估计值与其平均值的离差平方和 $\sum_{i=1}^{n}(\hat{y}_i-\overline{y})^2$ 称为可解释平方和 SSR，也可称为回归平方和，是由回归直线做出解释的离差平方和；因变量 y 的样本观测值与估计值之差的平方和 $\sum_{i=1}^{n}(y_i-\hat{y}_i)^2$ 称为残差平方和 SSE，是回归线未做出解释的离差平方和。可以证明，$\text{SST} = \text{SSR} + \text{SSE}$。

显然，在总的离差平方和中，回归解释的平方和所占的比重越大，则回归效果越好，说明回归直线与样本观测值拟合得好；如果残差平方和所占的比重大，则回归直线与样本观测值拟合得不理想。把回归解释平方和与总离差平方和之比定义为可决系数（判决系数）R^2。

$$R^2 = \frac{\text{SSE}}{\text{SST}} = \frac{\sum_{i=1}^{n}(\hat{y}_i - \overline{y})^2}{\sum_{i=1}^{n}(y_i - \overline{y})^2}$$

可决系数是对回归模型拟合程度的综合度量，可决系数越大，回归模型拟合程度越高。R^2 表示全部偏差中有百分之几的偏差可由 x 与 y 的回归关系来解释。可决系数具有非负性，取值范围为 0 到 1 之间，即 $0 \leqslant r^2 \leqslant 1$，$r^2$ 越接近 1，说明回归方程对样本观测值的拟合效果越好；反之，则越差。在一元线性回归中，可决系数在数值上是简单相关系数的平方，即 $R^2 = r^2$。

（2）估计标准误差

估计标准误差也称为估计标准差或估计标准误，也是用来反映估计出的回归方程对实际样本观测值拟合优度的指标。估计标准误差越大，说明估计的回归方程的拟合度越差。

①估计标准误差的计算方法

估计标准误差是因变量的实际值与估计值的残差的平均数。其定义公式为：

$$S_e = \sqrt{\frac{\sum_{i=1}^{n}(y_i - \hat{y}_i)^2}{n-2}} = \sqrt{\frac{\text{SSR}}{n-2}} = \sqrt{\frac{\sum_{i=1}^{n}e_i^2}{n-2}}$$

式中，S_e 表示估计标准误差；SSR 是残差平方和；e_i 是估计残差；$n-2$ 是自由度；n 是样本观测值个数；2 是一元线性回归中要估计的回归个数。式子除以自由度 $n-2$ 的原因是想得到对随机误差项 ε 的标准差 σ 的无偏估计。回归估计标准误差 S_e 不仅可以衡量样本回归方差的拟合效果，更是回归预测所必须了解的一个指标。S_e 越小，平均来看回归估计的误差就越小。对预测来说，只要影响变量的因素没有重大变化，S_e 越小，预测误差通常也会越小。

②估计标准误差与相关系数的关系

根据相关系数和估计标准误差的计算公式可以推导出二者之间的如下关系式：

$$r = \sqrt{1 - \frac{S_y^2}{\sigma_y^2}}$$

$$S_e = \sigma_y \sqrt{1 - r^2}$$

式中：r——相关系数。

σ_y——因变量的标准差。

S_e——估计标准误差。

从以上公式可以看出，r 与 S_e 的变化方向相反，r 越大，S_e 就越小，表明变量间的相关关系越密切，估计的回归方程拟合优度就越高；r 越小，S_e 就越大，表明变量间的相关关系越不密切，估计的回归方程对样本观测值的拟合优度就越低。

2. 一元线性回归模型的显著性检验

对线性回归模型的显著性检验包括两个方面：一个是对整个回归方程的显著性检验（F 检验）；另一个是对各回归系数的显著性检验（t 检验）。就一元线性回归模型而言，上述两个检验是等价的。

（1）回归方程的显著性检验

检验自变量与因变量之间的线性关系是否显著，利用回归解释平方和 SSE 与剩余离差平方和 SSR 的比较，应用 F 检验来分析二者之间的差别是否显著。

检验步骤有如下四个：

①提出假设。$H_0 : \beta = 0; H_1 : \beta \neq 0$。

②构建 F 检验统计量，即方差分析表。

③通过给定的显著性水平 α，确定临界值 $F_\alpha(1, n-2)$。

④若 $F > F_\alpha(1, n-2)$，则拒绝 H_0，说明回归参数 $\beta \neq 0$，即回归方程是显著的。

（2）回归系数的显著性检验

检验自变量 x 对因变量 y 的影响是否显著，理论基础是最小二乘估计 b 的抽样分布，应用 t 检验来分析自变量 x 对因变量 y 的影响是否显著。

检验步骤有如下四个：

①提出假设。$H_0 : \beta = 0; H_1 : \beta \neq 0$。

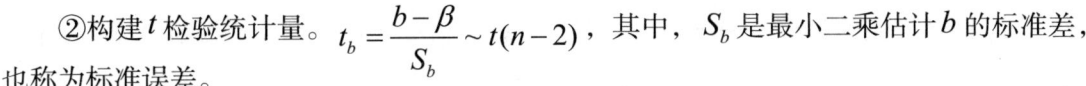

②构建 t 检验统计量。$t_b = \dfrac{b - \beta}{S_b} \sim t(n-2)$，其中，$S_b$ 是最小二乘估计 b 的标准差，也称为标准误差。

③通过给定的显著性水平 α，确定临界值 $t_{\frac{a}{2}}(n-2)$。

④若 $|t| > t_{\frac{a}{2}}(n-2)$，则拒绝 H_0，说明回归参数 $\beta \neq 0$，即自变量 x 对因变量 y 的影响是显著的。

四、多元线性回归分析

一元线性回归模型只涉及一个因变量和一个自变量的线性关系。但是，由于社会经济现象的复杂性，现象之间的联系方式和性质各不相同，影响因变量变化的自变量往往不止一个，而是有多个。因此，有必要将一个因变量与多个自变量联系起来进行分析，这就需要借助于多元线性回归模型进行分析。

（一）多元线性回归模型

描述因变量 y 依赖于自变量 $x_1, x_2, \cdots, x_p$ 和误差项 ε 的方程，称为多元回归线性模型。多元回归模型可表示为：

$$y = \beta_0 + \beta_1 x_1 + \beta_2 x_2 + \cdots + \beta_p x_p + \varepsilon$$

式中，$\beta_0, \beta_1, \beta_2, \cdots, \beta_p$ 是 $p+1$ 个未知参数，称为回归系数；$x_1, x_2, \cdots, x_p$ 是 p 个解释变量；ε 是随机误差项，表示除了 p 个解释变量以外的其他因素对因变量 y 的影响。与一元回归模型一样，通常假定误差项 ε 是一个均值均为零、方差 σ^2 都相同、相互独立且服从正态分布的随机变量。

多元线性回归模型还可以表现为如下均值的形式：

$$E(y) = \beta_0 + \beta_1 x_1 + \beta_2 x_2 + \cdots + \beta_p x_p$$

式子也称为多元线性回归方程，$\beta_1, \beta_2, \cdots, \beta_p$ 称为偏回归系数。β_i 表示假定其他变量不变，当 x_i 每变动一个单位时，因变量 y 的平均变动值。

（二）多元线性回归模型的参数估计

多元线性回归方程中未知参数 $\beta_0, \beta_1, \beta_2, \cdots, \beta_p$ 的估计与一元线性回归方程的参数估计原理一样，均采用最小二乘法，即使得估计值 $\hat{y}$ 与观测值 y 之间的残差平方和达到最小。

估计的多元线性回归方程可表示为：

$$\hat{y} = \hat{\beta}_0 + \beta_1 x_1 + \beta_2 x_2 + \cdots + \beta_p x_p$$

式中，$\hat{y}$ 表示对 y 的期望值（均值）$E(y)$ 的回归估计值或拟合值；$\hat{\beta}_0, \beta_1,$

$\beta_2, \cdots, \beta_p$ 是对多元线性回归模型中 $p+1$ 个参数的估计。最小二乘法要求 $\sum_{i=1}^{n}(y_i - \hat{y}_i)^2 = \sum_{i=1}^{n}\left(y_i - \hat{\beta}_0 - \beta_1 x_{1i} - \beta_2 x_{2i} - \cdots - \beta_p x_{ii}\right)^2 = \sum_{i=1}^{n} e_i^2 = $ 最小值，由多元函数求极值的方法求出 β_0，$\beta_1, \beta_2, \cdots, \beta_p$ 的估计值。

（三）多元线性回归模型的评价

1. 拟合优度的评价

（1）多重可决系数

与一元回归模型的拟合优度评价相同，多元线性回归模型的拟合度评价仍然采用可决系数 R^2，即：

$$R^2 = \frac{\text{SSR}}{\text{SST}} = \frac{\sum_{i=1}^{n}(\hat{y}_i - \overline{y})^2}{\sum_{i=1}^{n}(y_i - \overline{y})^2}$$

多元回归模型的可决系数称为多重可决系数，是介于 0 和 1 之间的一个数。R^2 越接近 1，模型对数据的拟合程度就越好。

在样本量一定的条件下，总离差平方和与自变量的个数无关，而残差平方和则会随着方程中自变量个数的增加而减小，因此，R^2 是自变量个数的非递减函数。在多元线性回归模型中，在比较因变量相同而自变量个数不同的模型的拟合程度时，不能简单地对比多重可决系数，而应采用修正多重可决系数 R_a^2，其计算公式为：

$$R_a^2 = 1 - \left(1 - R^2\right) \times \frac{n-1}{n-p-1}$$

由上式可以看出，当解释变量的个数 $p > 1$ 时，$R_a^2 < R^2$，意味着随着自变量个数增加，R_a^2 将小于 R^2。

在多元线性回归方程，估计标准误的计算公式为：

$$S_e = \sqrt{\frac{\sum_{i=1}^{n}(y_i - \hat{y}_i)^2}{n-p-1}} = \sqrt{\frac{\text{SSE}}{n-p-1}}$$

式中，p 是解释变量的个数。估计标准误越小，多元回归方程的拟合度就越好，估计残差就越小。

2. 多元线性回归模型的显著性检验

对多元线性回归模型的显著性检验包括两个方面：一是对整个回归方程的显著性检验（F 检验）；另一个是对各回归系数的显著性检验（t 检验）。

（1）回归方程的显著性检验

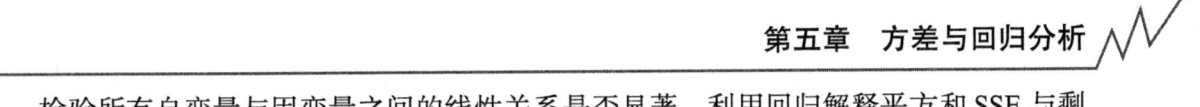

检验所有自变量与因变量之间的线性关系是否显著，利用回归解释平方和 SSE 与剩余离差平方和 SSR 的比较，应用 F 检验来分析二者之间的差别是否显著。

检验步骤有如下四个：

①提出假设。$H_0 : \beta_1 = \beta_2 = \cdots = \beta_p = 0; H_1 : \beta_i$ 不全为 0。

②构建 F 检验统计量，即方差分析表。

③通过给定的显著性水平 α，确定临界值 $F_\alpha(p, n-p-1)$。

④若 $F > F_\alpha(p, n-p-1)$，则拒绝 H_0，说明回归参数 β_i 至少有一个不为 0，即回归方程是显著的。

（2）回归系数的显著性检验

回归方程的线性关系检验通过后，还需要检验每个自变量 x 对因变量 y 的影响是否显著。理论基础是最小二乘估计 $\hat{\beta}_i$ 的抽样分布，应用 t 检验来分析自变量 x_i 对因变量 y 的影响是否显著。

检验步骤有如下四个：

①提出假设。$H_0 : \beta_i = 0; H_1 : \beta_i \neq 0$。

②构建 t 检验统计量。$t = \dfrac{\hat{\beta}_i - \beta_i}{S_{\hat{\beta}_i}} \sim t(n-p-1)$，其中，$S_{\hat{\beta}_i}$ 是最小二乘估计 $\hat{\beta}_i$ 的标准差，也称为标准误差。

③通过给定的显著性水平 α，确定临界值 $t_{\frac{\alpha}{2}}(n-p-1)$。

④若 $|t| > t_{\frac{\alpha}{2}}(n-p-1)$，则拒绝 H_0，说明回归参数 $\beta_i \neq 0$，即某个自变量 x_i 对因变量 y 的影响是显著的。

第六章　时间序列、对比与统计指数分析

第一节　时间序列分析

一、时间序列分析概述

（一）时间序列的概念与时间序列分析的目的

统计指标是在不同时间对社会经济现象观察记录的结果。所谓时间序列也称动态数列或时间数列，是各个不同时间社会经济统计指标按时间先后顺序排列的指标数列。

在统计研究中，时间序列的分析和研究具有很重要的地位。开展时间序列分析的主要目的如下：①了解和掌握社会经济现象发展变化的历史过程。通过计算时间序列的各种水平指标和发展速度、增长速度指标，分析社会经济现象的动态发展变化情况。②了解和掌握社会经济现象发展变化的规律性。分析时间序列的长期趋势、季节变动和循环变动，总结变化规律。③了解和掌握时间序列发展趋势。通过建立数学模型，预测现象的未来发展趋势。

例如：我国 2007—2022 年若干统计指标的时间序列。时间序列有两个基本要素：一是时间；二是统计指标在一定时间的具体指标值。

（二）时间序列的种类

时间序列按照其指标的性质，可以分为总量指标、相对指标和平均指标三种类型。总量指标是基本的时间序列，相对指标和平均指标时间序列是在其基础上派生出来的。

1.总量指标时间序列

总量指标按其所反映的内容的不同，有总体单位总量和总体标志总量两种，其反映了社会经济现象达到的绝对水平。

所谓总量指标时间序列，就是把一系列总量指标值按时间的先后顺序排列起来所形成

的时间序列。根据总量指标所反映的社会经济现象性质的不同，又可分为时期指标时间序列和时点指标时间序列。如我国 2007—2022 年若干统计指标的时间序列，GDP 是总体标志总量指标，年末人口数是总体单位总量指标；GDP 是时期指标，年末人口数是时点指标。

（1）时期指标的特点

①可加性

不同时期的绝对量指标可以相加，所得数值表明现象在更长一个时期的指标值。例如，月度 GDP、季度 GDP 和年度 GDP 指标所属的时间长短不同，把 1 月、2 月、3 月的 GDP 加总，得到第一季度的 GDP，把一年四个季度的 GDP 加总，则得到年度的 GDP。

②指标值的大小与所属时间的长短有直接关系

这是由时间指标的可加性特点所决定的。一般指标所属时期越长，指标值越大。如上面所说的季度 GDP 总是大于月度 GDP，年度 GDP 也总是大于季度 GDP。

③指标值采用连续统计的方式获得

由于时期指标是反映现象在一段时间内的发展过程总量，因而在这段时间内要把现象发生的数量逐一登记，并进行累计得到指标值。

（2）时点指标的特点

①不可加性

不同时点的总量指标不可相加，这是因为，把不同时点的总量指标相加后，无法解释所得数值的时间状态。

②指标数值的大小与时点间隔的长短一般没有直接关系

在时点数列中，相邻两个指标所属时间的差距为时点间隔。因为时点指标的时间单位是瞬间，因而许多现象时间间隔的长短与指标值的大小没有直接联系。如企业年底的库存不一定比各月底的库存量大；企业 12 月底的职工人数也未必比 11 月底的职工人数多。但如果现象本身存在着长期变化趋势，如呈现长期增长或长期下降趋势，则指标数值的大小与时间间隔的长短就有一定关系了。例如，我国总人口变动呈现长期增长趋势，因此，时点间隔越长，指标的数值就越大。

③指标值采用间断统计的方式获得

时点指标具有不连续统计的特点。因为时点指标是反映现象在某一时点的数量状况，所以只需要在某一时点进行统计，取得该时点资料。例如我国历次的人口普查是根据国家的有关规定，间隔一定时点进行一次性普查。

2. 相对指标和平均指标时间序列

相对指标和平均指标是由绝对数指标派生出来的，是由两个有联系的指标对比的比率。大多数相对指标是由计量单位相同的绝对数指标相除求得，其计算结果是一个抽象化的数值，用百分比、千分比、倍数、系数、成数等无名数的形式表示。也有一些相对指标是由两个性质不同、计量单位不同的指标进行对比，其计算结果的表现形式就是分子与分母的计量单位构成的复名数。如人口密度等于某地区的人口数除以土地面积，计量单位为"人 / 平方千米"；人均 GDP 的计量单位为"元 / 人"。

相对指标和平均指标反映社会经济现象达到的相对水平和平均水平，把一系列相对指标或平均指标按时间先后顺序排列起来，就得到相对指标或平均指标时间序列。

相对指标或平均指标时间序列反映了社会经济现象之间相互联系的发展过程。在经济统计分析中，往往把绝对量指标、相对指标和平均指标时间序列结合起来，以便从多方位对社会经济现象进行分析。

（三）时间序列的编制原则

编制时间序列的目的是要通过数列中各指标的比较，来研究社会经济现象的发展及其规律。因此，保证数列中各个指标数值的可比性，是编制时间序列的基本原则。具体有以下几点要求：

1. 时间一致

对于时期指标时间序列，各指标值所属时期长短应一致。对于时点指标时间序列，各指标的时点间隔长短应一致。

2. 口径一致

所谓口径一致包含以下几个方面：一是现象总体范围应一致。无论是时期指标时间序列还是时点指标时间序列，指标值的大小都与现象总体范围有密切关系，若指标的总体范围不一致，则失去比较意义。二是计算价格一致。价值指标有不变价、现行价，而不变价又有不同时期的不变价，编制价值指标的时间序列要保证各指标的计算价格相同，才具有比较意义。三是计量单位一致。实物量指标度量单位有吨、千克以及标准实物量和混合实物量等，编制实物量指标时间序列要保证各指标的计量单位相同。四是经济内容要一致。例如，新中国成立以来，我国曾经采用过工农业总产值、社会总产值、国民收入和国内生产总值等指标反映我国的经济活动总量。这些指标都有不同的经济内容，在编制新中国成立以来的经济活动总量时间序列时，就需要对这些指标加以区别和调整，才能符合可比性的要求。

3. 计算方法一致

指标名称、总体范围、计算价格和计量单位以及经济内容都一致的指标，有时因计算方法不一致，也会导致数值上的差异。如 GDP 指标，可以用生产法、分配法和支出法来计算，从理论上讲，三种方法的计算结果应一致，但由于资料来源的渠道不同，这三种方法计算的结果往往存在差异。因此，在编制时间序列时，应注意各指标的计算方法是否统一，以确保指标可比。

二、时间序列的水平与速度分析

（一）发展水平与增长水平

1. 发展水平

时间序列中，各指标数值反映了特定社会经济现象在所属时间的发展水平。发展水平受现象的长期趋势、季节变动、循环变动和不规则变动等因素共同作用的影响，反映了社会经济现象在具体时间下所达到的规模和程度。

分析现象的发展水平，需要明确几个常用的表达方式：最初水平、最末水平、基期水平、报告期水平。在时间序列中，如用 y_i 表示各个指标值，则时间序列可表示为 $y_0, y_1, y_2, \cdots, y_{n-1}, y_n$，通常把首项 y_0 称为最初水平，末项 y_n 称为最末水平。作为对比基准的水平称为基期水平，用 y_0 为表示；被研究考察时间的水平称为报告期水平，用力表示。

2. 增长水平

增长水平也称增长量，是报告期发展水平与基期发展水平之差。用公式表示就是：

增长量 = 报告期水平 − 基期水平

增长量有逐期增长量和累积增长量之分。逐期增长量是报告期水平与前一期水平之差，说明报告期比前一期增长的绝对数量；累积增长量是报告期水平与某一固定时间的水平（通常为最初水平）之差，说明报告期比某一固定时间增长的绝对数量，即某一个较长时期内的总增长量。这两个指标用公式表示如下：

逐期增长量：$y_1 - y_0, y_2 - y_1, y_3 - y_2, \cdots, y_n - y_{n-1}$

累积增长量：$y_1 - y_0, y_2 - y_0, y_3 - y_0, \cdots, y_n - y_0$

不难看出，逐期增长量和累积增长量存在以下数量依存关系：

（1）累积增长量等于相应的时期的逐期增长量之和，即：

$$y_n - y_0 = y_1 - y_0 + y_2 - y_1 + y_3 - y_2 + \cdots + y_n - y_{n-1}$$

（2）相邻两期的累积增长量之差等于相应时期的逐期增长量：

$$\left(y_i - y_0\right) - \left(y_i - 1 - y_0\right) = y_i - y_{i-1}$$

（二）平均发展水平与平均增长水平

1. 平均发展水平

在对时间序列进行分析时，为了综合说明现象在一段时期内的发展水平，需要计算平均发展水平指标。平均发展水平称为序时平均数，是对各不同时间上的指标数值求平均数，是将指标在各时间上表现的差异加以抽象的结果，是以一个数值来代表现象在这一段时间上的一般发展水平。

计算序时平均数的方法要根据时间序列指标的性质来确定。有绝对量指标、相对指标和平均指标时间序列，计算这三种时间序列序时平均数的方法不同，但由于相对指标和平均指标是由绝对量指标派生的，所以，根据总量指标时间序列计算序时平均数的方法是最基本的方法。

（1）由总量指标计算序时平均数

绝对量指标时间数列分为时期和时点两种，二者的计算方法有所不同，下面分别加以说明。

①时期指标的序时平均数

这种序时平均数的计算方法比较简单，通常采用简单算术平均数方法计算。用公式表示为：

$$\overline{y} = \frac{y_1 + y_2 + \cdots + y_n}{n} = \frac{\sum\limits_{i=1}^{n} y_i}{n}$$

式中：$\overline{y}$ 代表序时平均数，y_i 代表各期发展水平，n 代表时期项数。

②时点指标的序时平均数

从理论上说，要准确计算时点指标序时平均数，应当掌握现象在每一时点上的数据。这时，时点数列序时平均数的计算公式就是：$\overline{y} = \frac{\sum\limits_{i=1}^{n} y_i}{n}$。但时点指标大多数是间断统计的，有的是每隔一定时间统计一次，如每月末、每季末、每半年末、每年末统计一次；有的是当现象发生变动时才登记一次；有的则是不定期统计。对这些不同的资料情况，时点指标时间序列的序时平均数计算有相应的方法，下面逐一介绍。

间隔相等的时点数列序时平均数的计算。间隔相等的时点数列序时平均数的计算采用"首末折半法"，公式如下：

$$\overline{y} = \frac{\dfrac{y_1}{2} + y_2 + \cdots + y_{n-1} + \dfrac{y_n}{2}}{n-1}$$

间隔不等的时点数列序时平均数的计算。时点间隔不等的时间序列计算序时平均数的方法，其思路与时点间隔相等的时点序列相同。但因为这时时点间隔不同，所以要用时点间隔为权数来加权计算。下面举例说明间隔不等的时点数列序时平均数的计算方法。

例：某省 2022 年有关人口统计数据资料如表 6-1 所示，求年平均人口。

表 6-1　某省 2022 年有关人口统计数据

单位：万人

	1 月 1 日	3 月 31 日	6 月 1 日	12 月 31 日
人口数	2 704	2 716	2 698	2 702

解：

$$\tilde{y} = \frac{\dfrac{2\ 704 + 2\ 716}{2} \times 3 + \dfrac{2\ 716 + 2\ 698}{2} \times 2 + \dfrac{2\ 698 + 2\ 702}{2} \times 7}{12}$$

$$= \frac{32\ 444}{12} = 2\ 703.7\ (\text{万人})$$

由此不难归纳出间隔不等的时点数列序时平均数的计算公式：

$$\tilde{y} = \frac{\sum \overline{y}_f f_i}{\sum f_i}$$

$$= \frac{\dfrac{1}{2}(y_1 + y_2) f_1 + \dfrac{1}{2}(y_2 + y_3) f_2 + \cdots + \dfrac{1}{2}(y_{n-1} + y_n) f_{n-1}}{f_1 + f_2 + \cdots + f_{n-1}}$$

当现象发生变动时登记一次的时点数列序时平均数的计算。下面仍以一例子来说明其计算方法。

例：某企业 2022 年 5 月某种工具库存量资料如表 6-2 所示，求 5 月份该工具平均库存量。

表 6-2　某企业 2017 年 5 月某种工具库存量资料

单位：件

	1 日	10 日	12 日	20 日	25 日	31 日
库存量	85	5	105	50	20	100

解：

$$\overline{y} = \frac{85 \times 9 + 5 \times 2 + 105 \times 8 + 50 \times 5 + 20 \times 6 + 100 \times 1}{9 + 2 + 8 + 5 + 6 + 1} = \frac{2\ 085}{31} = 67.3\ (\text{件})$$

这个例子的情况与前面两例有所不同。在前面两例中，后一时点的数据是前一时点数据逐渐变化的结果，所以，当我们假设这种变动是均匀变动时，可计算两个时点数据的简单平均数作为两个时点之间的代表值。而本例中后一时点的数据并非前一时点数据逐渐变化的结果，而是前一时点现象一直维持到后一时点的前一天，在后一时点的那一天库存量才发生变化。因此，在两个时点之间的代表值就是前一时点的数据。由此，可归纳出计算公式：

$$\bar{y} = \frac{y_1 f_1 + y_2 f_2 + \cdots + y_n f_n}{f_1 + f_2 + \cdots + f_n} = \frac{\sum\limits_{i=1}^{n} y_i f_i}{\sum\limits_{i=1}^{n} f_i}$$

（2）由相对指标或平均指标计算序时平均数

计算相对指标或平均指标的序时平均数，一般不能就时间序列中的相对指标或平均指标直接计算，而要分别计算出相对数或平均数分子和分母的平均数后，再进行对比。用公式表示如下：

$$\bar{y} = \frac{\bar{a}}{\bar{b}}$$

式中：$\bar{a}$ 为作为分子的时间序列序时平均数；$\bar{b}$ 为作为分母的时间序列序时平均数。

例：某商场 2022 年第一季度各月份有关商品销售资料如表 6-3 所示，求第一季度商品月平均流转次数。

表 6-3　第一季度有关商品销售资料

	1 月	2 月	3 月
商品销售额（a）	120	143	289
平均库存额（b）	60	65	85
商品流转次数（y）	2.0	2.2	3.4

解：

$$商品流转次数 = \frac{商品销售额}{平均库存额}$$

$$\bar{y} = \frac{\bar{a}}{\bar{b}} = \frac{(120 + 143 + 289) \div 3}{(60 + 65 + 85) \div 3} = \frac{184}{70} = 2.63 \quad （次）$$

计算结果表明，该商场第一季度商品月平均流转次数为 2.63 次。

2. 平均增长水平

平均增长水平也称平均增长量，它是逐期增长量的序时平均数。计算平均增长量可以将各逐期增长量相加除以逐期增长量个数，用简单算术平均法计算；也可以将累积增长量除以时间序列项数减 1。用公式表示如下：

$$平均增长量 = \frac{逐期增长量之和}{逐期增长量个数} = \frac{累积增长量}{时间序列项数 - 1}$$

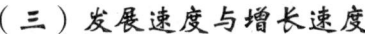

（三）发展速度与增长速度

1. 发展速度

发展速度是反映社会经济发展快慢的相对指标。其计算公式如下：

$$发展速度 = \frac{报告期水平}{基期水平} \times 100\%$$

在通常情况下，报告期水平总是大于 0，因此发展速度指标值也总是表现为正数。当发展速度指标值大于。小于 1 时，表明报告期水平低于基期水平；当发展速度指标值等于 1 或大于 1 时，表明报告期水平达到或超过基期水平。由于采用的基期不同，发展速度有环比发展速度和定基发展速度之分。所谓环比发展速度，也称逐期发展速度，是报告期水平与前一期水平之比。所谓定基发展速度，则是报告期水平与某一固定时期水平（通常为最初水平或特定时期水平）之比，表明现象在较长时期内总的发展速度，也称为总速度。环比发展速度和定基发展速度的计算公式分别如下：

环比发展速度：$\dfrac{y_1}{y_0}, \dfrac{y_2}{y_1}, \ldots, \dfrac{y_n}{y_{n-1}}$

定基发展速度：$\dfrac{y_1}{y_0}, \dfrac{y_2}{y_0}, \ldots, \dfrac{y_n}{y_0}$

不难看出，环比发展速度和定基发展速度存在以下两个数量关系：

（1）环比发展速度的连乘积等于相应时期的定基发展速度：

$$\frac{y_1}{y_0} \times \frac{y_2}{y_1} \times \cdots \times \frac{y_n}{y_{n-1}} = \frac{y_n}{y_0}$$

（2）相邻时期的定基发展速度之商等于相应时期的环比发展速度：

$$\frac{y_i}{y_0} \div \frac{y_{i-1}}{y_0} = \frac{y_i}{y_{i-1}}$$

根据以上两个数量关系式，可以进行相互推算。

2. 增长速度

增长速度是反映增长程度的相对指标。增长速度与发展速度有密切关系，两者相差一个基数（1 或 100%）。增长速度的计算公式如下：

$$增长速度 = 发展速度 - 100\%$$

$$= \frac{报告期水平}{基期水平} - 100\%$$

$$= \frac{\text{报告期水平} - \text{基期水平}}{\text{基期水平}} - 100\%$$

$$= \frac{\text{增长期}}{\text{基期水平}} - 100\%$$

上面几种计算方法可根据实际掌握资料的情况选择应用。不难看出，增长速度指标值有可能为正数，也有可能为负数。

与发展速度类似，由于采用的基期不同，也可以有环比增长速度和定基增长速度之分。前者表示现象的逐期增长速度，后者表示在较长时期内总的增长速度。与发展速度有所不同的是，环比发展速度和定基发展速度之间可以相互推算，环比增长速度和定基增长速度之间则不能直接相互推算。要进行环比增长速度和定基增长速度之间的推算，要先把它们还原成发展速度以后才能进行。环比增长速度和定基增长速度的计算公式如下：

$$\text{环比增长速度} = \text{环比发展速度} - 100\%$$

$$= \frac{\text{逐期增长量}}{\text{前期水平}} \times 100\%$$

$$\text{定基增长速度} = \text{定基发展速度} - 100\%$$

$$= \frac{\text{累积增长量}}{\text{最初水平}} \times 100\%$$

（四）平均发展速度与平均增长速度

平均发展速度是各个时期环比发展速度的序时平均数，说明社会经济现象在较长时期内速度变化的平均程度。平均发展速度与平均增长速度指标的数量关系是：

平均增长速度 = 平均发展速度 — 1

平均发展速度是各个时期环比发展速度的平均数。在实际工作中有两种计算平均发展速度的方法，即几何平均法和方程式法。

1. 几何平均法（水平法）

现象发展的平均速度一般用几何平均法计算，计算公式如下：

$$\bar{x} = \sqrt[n]{x_1 x_2 x_3 \cdots x_n} = \sqrt[n]{\Pi x}$$

式中：$\bar{x}$ 表示平均发展速度，x 表示各年环比发展速度，n 表示环比发展速度的项数。用几何平均法公式计算平均发展速度的数学依据是：现象发展的总速度不等于各年发展速度之和，而等于各年环比发展速度的连乘积。用 a_i 表示各期的发展水平，公式可以表现为下面的形式：

$$\overline{x} = \sqrt[n]{\frac{y_1}{y_0} \times \frac{y_2}{y_1} \times \frac{y_3}{y_2} \times \cdots \times \frac{y_n}{y_{n-1}}} = \sqrt[n]{\frac{y_n}{y_0}}$$

不难看出，几何平均法名义上是各个环比发展速度的几何平均数，但实际上也是由最初和最末两期的水平所决定的，中间各期的水平变化对平均发展速度的计算结果并没有影响。所以，平均发展速度的几何平均法也称为水平法。

以上两个计算公式，可以根据所掌握资料的情况来选择应用。

2. 方程式法（累积法）

方程式法是按照这样的要求来计算的，即时间序列中的各年发展水平的总和等于全期的总水平，而各年发展水平是基期水平与各年定基发展速度的乘积。根据定基发展速度等于环比发展速度连乘积的关系，各年发展水平也是基期水平和有关各年环比发展速度的乘积。这样，把各年环比发展速度加以平均化，列出方程式，求解即可得出年平均发展速度。

将以上的文字表述用数学关系式来表达，即为：

$$y_1 + y_2 + y_3 + \cdots + y_n = \sum_{i=1}^{n} y_i$$

$$y_0 \frac{y_1}{y_0} + y_1 \frac{y_2}{y_1} + y_2 \frac{y_3}{y_2} + \cdots + y_{n-1} \frac{y_n}{y_{n-1}} = \sum_{i=1}^{n} y_i$$

用 z_i 表示各期的发展速度，则上式可表示为：

$$y_0 z_1 + y_0 z_2 + y_0 z_3 + \cdots + y_0 z_n = \sum_{i=1}^{n} y_i$$

用环比发展速度 x_i 代入上式：

$$y_0 x_1 + y_0 x_1 x_2 + y_0 x_1 x_2 x_3 + \cdots + y_0 x_1 x_2 x_3 \cdots x_n = \sum_{i=1}^{n} y_i$$

把式中的各期环比发展速度平均化，用平均发展速度 $\overline{x}$ 取代各环比发展速度 x_i，即：

$$y_0 \overline{x} + y_0 \overline{x} \cdot \overline{x} + y_0 \overline{x} \cdot \overline{x} \cdot \overline{x} + \cdots + y_0 \overline{x} \cdot \overline{x} \cdot \overline{x} \cdots \overline{x} = \sum_{i=1}^{n} y_i$$

$$y_0 \left[(\overline{x}) + (\overline{x})^2 + (\overline{x})^3 + \cdots + (\overline{x})^n \right] = \sum_{i=1}^{n} y_i$$

$$(\overline{x}) + (\overline{x})^2 + (\overline{x})^3 + \cdots + (\overline{x})^n = \frac{\sum_{i=1}^{n} y_i}{y_0}$$

这个方程式的正根就是所求的年平均发展速度。用方程式法计算平均发展速度的特点，是着眼于各期水平累计之和 $\sum\limits_{i=1}^{n} y_i$，所以它也称为累计法。

由于该公式是一个高次方程，求解比较复杂。在手工计算的时代，一般需要依赖于前人事先编制好的平均增长速度查对表。但计算机普及后，应用方程式法已不再是困难。

3. 需要注意的问题

应当注意，几何平均法和方程式法的理论依据、计算方法和应用条件有所不同。几何平均法的侧重点是从最末水平出发来进行研究，按照几何平均法所确定的平均发展速度推算的最末一年发展水平，与实际资料最末一年的发展水平相同。方程式法的侧重点则是从各年发展水平的累计总和出发来进行研究，按照方程式法所确定的平均发展速度推算的全期各年发展水平的总和，与全期各年的实际发展水平的总和相同。

我国制订国民经济发展长期规划，大致也有两种规定指标数值的方法：一种是以长期计划的最后一年应达到的水平来规定，如人口数、国内生产总值、工业主要产品产量、社会消费品零售总额等；另一种是以整个计划期应达到的累计数来规定，如固定资产投资额等。在计算平均发展速度时，前者采用几何平均法，后者采用方程式法。

（五）速度分析与水平分析的结合与应用

时间序列的速度指标是由水平指标对比计算而来的，是以百分数表示的抽象化指标。速度指标把现象的具体规模或水平抽象掉了，因此不能反映现象的绝对量差别。在应用速度指标进行分析时，要注意以下几个问题：

第一，要结合具体研究目的适当选择基期，并注意其所依据的基本指标在整个研究时期的同质性。如果资料中有几年的环比增长速度特别快，而有几年又是负增长，出现显著的悬殊和不同的发展方向，以及所选择的最初水平和最末水平受特殊因素的影响过高或过低，用这样的资料来计算平均发展速度，就会降低甚至失去指标的代表意义和实际分析意义。

第二，要联系各个时期的环比发展速度来补充说明平均发展速度。如几何平均法名义上是各个时期环比发展速度的平均数，但实际上只计算最末水平和最初水平两个数字，把中间各个时期的具体变动抽象掉了，所以有必要补充各期的环比速度加以分析。

第三，要结合基期水平进行分析。因为发展速度是报告期水平除以基期水平而得，从数量关系来看，基期水平低，速度就容易高；基期水平高，就难以高速度。因此，速度高可能掩盖低水平，速度低又可能隐藏高水平。

从发展速度分析，前者大于后者。但从隐藏在发展速度指标后面的发展水平指标来分析，却是后者远远大于前者。

第四，平均速度指标应结合其所依据的各个基本指标，如发展水平、增长量、环比发展速度、定基发展速度等进行分析研究，才能深入了解现象的全面发展、具体过程和特点，从而对研究现象具有比较确切和完整的认识。

三、长期趋势分析

（一）时间序列的构成因素

在时间序列中，各时期的发展水平是受各种因素共同影响的结果。归纳起来，这些影响因素可以分为四类：

其一，长期趋势。它也称趋势变动，指时间序列在较长时期中所表现出来的总态势。长期趋势变动是受某种根本性的支配因素影响，而呈现出各时期的发展水平不断递增或不断递减或水平变动的基本趋势。例如，我国人口数时间序列呈现长期递增趋势。

其二，季节变动。季节变动的最基本含义是指受自然界季节更替影响而发生的年复一年的有规律的变化。例如农产品的生产、某些消费品的销售具有很典型的季节变动表现。在实际分析中，季节变动概念已有了扩展，一年内由于社会、政治、经济、自然因素影响形成的有规律的周期性的重复变动都称为季节变动。例如，学校寒暑假制度所带来的客运部门客流量在一年中的规律性变化，上下班制度对城市公交所带来的一天中客流量高峰的规律性变化等都称为季节变动。

其三，循环变动。循环变动是指变动周期大于一年的有一定规律性的重复变动。如商业周期的繁荣、衰退、萧条、复苏四个阶段的循环变动。循环变动的规律不如季节变动明显，一般较难识别。

其四，不规则变动。它也称随机变动，指现象受众多偶然因素的影响而出现的不规则变动。

时间序列分析的任务之一，就是对时间序列中的这几个构成因素进行测定，从而揭示现象变动的规律和特征，为认识和预测事物的发展提供依据。

上述四种因素，按照它们的影响方式的不同，可以设定不同的组合模型，其中最常见的有乘法模型和加法模型。乘法模型是假定四个因素对现象发展的影响是相互的，加法模型则假定各因素的影响是独立的。

乘法模型：$Y = T \cdot S \cdot C \cdot I$

加法模型：$Y = T + S + C + I$

式中：Y 为时间序列指标数值；T 为长期趋势，S 为季节变动，I 为不规则变动。

（二）长期趋势的测定方法

1. 时距扩大法

时距扩大法是测定长期趋势最原始、最简单的方法。它是将原来时间序列中较小时距单位的若干个数据加以合并，得出较大时距单位的数据。扩大了时距单位的数据可以使较小时距单位数据所受到的偶然因素的影响相互抵消，从而显示出现象变动的基本趋势。

时距扩大法的优点是简便直观。但它的缺点也很突出，表现在时距扩大之后，所形成的新数列包含的数据减少，信息量大大流失，不便于做进一步的分析。

2. 移动平均法

移动平均法是对时距扩大法的一种改良。它是采用逐期递推移动的办法对原数列按一定时距扩大，得出一系列扩大时距的序时平均数。移动平均法有多种形式，下面介绍简单移动平均法和加权移动平均法：

（1）简单移动平均法

该方法依次计算若干项时间序列数据的移动平均数，并将其作为移动平均中项的趋势测定值，所以这种方法也称为中心化移动平均法。

应用简单移动平均法分析长期趋势时，需要注意以下几点：

①凡采用奇数项求移动平均数，只需移动平均一次；若采取偶数项移动平均，则必须进行两次移动平均。

设时间序列的指标值为 y，其指标值顺次为 $y_1, y_2, y_3, \cdots, y_n$。如取四项移动平均，则所得的第一个移动平均数 $\bar{y}_{2-3} = \dfrac{y_1 + y_2 + y_3 + y_4}{4}$ 对应于原数列的第二年与第三年之间，第二个移动平均数 $\bar{y}_{3-4} = \dfrac{y_2 + y_3 + y_4 + y_5}{4}$ 对应于第三年与第四年之间，以下类推。因而尚需再进行一次移正平均，即将第一个移动平均数与第二个移动平均数再平均，求出一个新的平均数 $\bar{y}_3 = \dfrac{\bar{y}_{2-3} + \bar{y}_{3-4}}{2} = \left(\dfrac{1}{2}y_1 + y_2 + y_3 + y_4 + \dfrac{1}{2}y_5\right) \div 4$，对应于原数列的第三年。以后各年数字，照此类推。

②逐项移动平均的一个关键问题是取多长时间为宜。假如现象变动有周期性，就应以周期长度为移动平均的项数。如上例，以一年四个季度为一周期，就应取四项移动平均。因为只有这样，才能消除周期变动，准确反映长期趋势。

③移动平均后所得的修匀数列，比原数列的项数更少。奇数项移动平均所形成的新数列，首尾各少 $\dfrac{N-1}{2}$ 项（N 为移动项数）；偶数项移动平均所形成的新数列，首尾各少 $\dfrac{N}{2}$ 项（N 为移动项数）。如两年或三年移动平均，首尾各少一项；四年或五年移动平均，首尾各少两项。平均项数越多失去的信息也越多，所以，移动平均的项数不宜过大。

（2）加权移动平均法

简单移动平均法适用于线性趋势的测定，如果社会经济现象发展是非线性的，就要考虑用加权移动平均法。所谓加权移动平均法，就是对各期指标值进行加权后再进行移动平均。依照在简单移动平均中，移动平均数代表移动平均中项时期的长期趋势值的做法，在加权移动平均法中一般也采用奇数项加权移动平均，各期权数以二项展开式的系数为计算基础，使中项时期指标值的权数最大，两边对称，逐期减小。

例如，三项移动平均，应以 $(a+b)^2 = a^2 + 2ab + b^2$ 的系数 1，2，1 进行加权。即：$\dfrac{y_{t-2} + 2y_{t-1} + y_t}{4}$。

3. 趋势方程拟合法

趋势模型法是根据时间序列长期趋势的表现形态，建立一个合适的趋势方程来描述现象各期指标值随时间变动的趋势规律性，并据此进行各期趋势值的测定。基本步骤如下：

第一，选取合适的模型。时间序列中长期趋势的表现形态是多种多样的。在实际应用中，如何选择时间序列所要配合的趋势模型是一个十分重要的问题。趋势模型选择不当，不仅不能正确描述现象的发展的规律性，有时还会得出与事实相反的结论。常见的趋势模型有：线性模型 $\hat{y}_t = a + bt$，二次曲线模型 $\hat{y}_t = a + b_1 t + b_2 t^2$，指数曲线模型 $\hat{y}_t = ab^t$；修正的指数曲线模型 $\hat{y}_t = k + ab^t$，辑曲线模型 $\hat{y}_t = \dfrac{1}{k + ab^t}$ 等。

第二，估计模型参数。趋势方程中的自变量是时间 t，t 一般按时期的先后顺序取值为 $1, 2, \cdots, n$（n 为时间序列的时期数）；因变量是时间序列期的指标值 $y_t(t = 1, 2, \cdots, n)$。

第三，计算趋势变动测定值。将各期时间 t 的取值代入已估计出参数的趋势模型，得出的因变量数值就是相应时期的趋势变动测定值。

四、季节变动与循环波动分析

（一）季节变动分析

季节变动具有三个明显的特征：有规律的变动；按一定的周期重复进行；每个周期变化大体相同。由于季节变动的最大周期为一年，所以以年份为单位的时间数列中不可能有季节变动。

1. 同期平均法

这种方法是测定季节变动最简便的方法。它是以若干年数据资料求出同月（季）的平均水平与全年总月（季）水平，二者对比得出各月（季）的季节指数，用来表明季节变动的程度。按月平均法可以分为直接按月（季）平均法和比率按月平均法两种。

（1）直接按月（季）平均法

直接按月（季）平均法将整个时间序列的趋势值视为常数。计算步骤如下：

第一，计算各年同月（季）的平均数 $\overline{y}_i$（$i = 1 \sim 12$ 月或 $i = 1 \sim 4$ 季）

第二，计算各年所有月份（或季度）的总平均数 $\overline{y}$ 。

第三，计算季节指数 S_i ，$S_i = \dfrac{\overline{y}_i}{\overline{y}} \times 100\%$ 。

（2）比率按月（季）平均法

这种方法是在按月（季）平均之前，先将历年各月（季）的数据同其本年的月（季）平均数相比，得出该年度的季节比率；然后再将各年度同期（月或季）的比率进行平均，求出季节指数：

$$S_i = \frac{\displaystyle\sum_{i=1}^{N} \dfrac{y_{ij}}{\overline{y}}}{N} \times 100\%$$

2. 移动平均趋势剔除法

在具有明显的长期趋势变动的数列中，为了测定季节变动，必须先将趋势变动因素加以剔除。假定趋势变动、季节变动、循环变动和不规则变动对时间序列的影响可以用乘法模型 $Y = T \cdot S \cdot C \cdot I$ 反映，用移动平均趋势剔除法测定季节变动的步骤如下：

第一步，对原时间序列求移动平均数，作为相应时期的趋势值 T 。

第二步，剔除原数列中的趋势变动 T ，即将原数列各项除以移动平均数的对应时间数据：

$$\frac{T \cdot S \cdot C \cdot I}{T} = S \cdot C \cdot I$$

第三步，以消除趋势变动后的数列计算季节指数，测定季节变动。

（二）循环变动的测定

循环变动是指变动周期大于一年的、有一定规律性的重复变动。循环变动不同于长期趋势，它所表现的不是朝着某一个方向持续上升或下降，而是从低到高，又从高到低的周而复始的近乎规律性的变动。循环变动也不同于季节变动，季节变动一般以一年、一季或一月等为一周期，可以预见。而循环变动没有固定的周期，一般都在数年以上，难以事先预知。因此，循环变动分析不仅要借助于统计方法，还要借助于定性的经济分析。

从统计分析的角度来看，循环变动的测定方法有多种，不同的方法得出的分析结论有一定的差异，这就需要对不同测定方法的基本原理、前提条件有所了解。下面介绍两种最常用的测定方法。

1. 直接法

直接法适用于季度和月度时间序列。如果研究时间序列的目的只在于测定数列的循环波动特征，可用直接法进行分析。直接法是将每年各季或各月的数值与上年同期进行对比，即求出年距发展速度：

$$C \cdot I = \frac{y_t}{y_{t-4\text{或}12}}$$

年距发展速度可以大致消除趋势变动 T 和季节变动 S 的影响，因而可以用来粗略地描述循环变动的特征。直接法的主要局限是在消除时间序列长期趋势的同时，相对放大了年度发展水平的影响，当某期发展水平偏低或偏高时，必然会影响 $C \cdot I$ 的数值，使之偏高或偏低，导致循环变动的振幅被拉大。

2. 剩余法

剩余法也称分解法。剩余法的基本思路是：假定各因素对现象发展影响的组合模型为乘法模型 $Y = T \cdot S \cdot C \cdot I$，利用分解分析的原理，在时间序列中剔除长期趋势和季节变动，然后再消除不规则变动，从而揭示循环变动的特征。即：

$$\frac{Y}{T \cdot S} = \frac{T \cdot S \cdot C \cdot I}{T \cdot S} = C \cdot I$$

将所得的循环变动和不规则变动的结果 $C \cdot I$ 进行移动平均，消除不规则变动 I，求得循环变动值 C。

剩余法的思路从逻辑上讲非常合理，但在实际应用中，最后计算结果是否准确与长期趋势值测定的准确性有很大关系。循环变动的测定计算量较大，通常要借助计算机来完成。

五、时间序列预测

（一）时间序列预测的基本原理

研究时间序列的主要目的之一就是对现象未来的变化进行预测。时间序列预测是将现象以往所呈现出来的趋势和规律进行类推或延伸，借以预测现象在未来可能达到的水平。时间序列预测总是要借助于某种预测模型来实现。一般来说，对时间序列的各种构成因素分别进行预测的统计方法，要比对现象整体进行预测更加可靠。因此，时间序列预测通常是建立在时间序列因素分解基础之上。也就是说，首先利用前文明介绍的方法分别对各种构成因素进行预测后，再合成得到所研究现象的预测值。由于不规则变动是无法预测的，因此，以乘法合成模型为基础的时间序列预测模型最一般的形式为：

$$\hat{Y}_t = T_t \times \hat{S}_t \times C_t$$

式中：$\hat{Y}_t$ 为所研究现象第 t 期的预测值，$\hat{T}_t, \hat{S}_t, C_t$ 分别为第 t 期的趋势预测值、季节指数预测值和循环变动预测值。

在现实中，由于季节变动规律比较稳定，一般假定未来的季节指数不变，即直接利用所测定的季节指数作为未来季节变动的预测值。循环变动的准确预测相对困难，多数场合不予考虑，所以最主要的是进行长期趋势的预测。

（二）趋势方程外推预测

所谓趋势方程外推预测，就是利用根据时间序列所拟合的趋势方程去预测现象在未来时间上的长期趋势值。其方法就是按原来的时间顺序将预测期的时间变量值 t 代入趋势方程中，即可计算出预测期的趋势值。无论是线性趋势，还是非线性趋势，都可以根据相应的趋势方程直接进行外推预测。

趋势外推法简单方便，不依赖任何其他数据。但必须注意，该方法假定现象发展变化的趋势将会延续到未来，实质上就是假定影响现象长期趋势的基本因素在预测期仍然起着同样的作用，所以现象的长期趋势随时间推移而变化的数量关系可延伸到预测期。实际应用中，必须认真分析影响长期趋势的基本因素是否会出现显著变化，而且外推的时间不宜太远。

（三）移动平均预测

与前面测定长期趋势是采用的中心化移动平均法不同，用于外推预测的移动平均数不代表移动平均中项的趋势值，而是代表预测期的趋势值。移动平均预测只具有推测未来一期趋势值的预测功能，而且只适用于大致呈水平趋势的时间序列。如果现象的发展变化具有明显的上升（或下降）趋势，则移动平均预测的结果就会产生偏高（或偏低）的滞后偏差，即预测值的变化滞后于实际趋势值的变化。移动平均的项数 N 越大，滞后偏差就越大。

1. 简单移动平均法

$t+1$ 期的预测值 $\hat{y}_{t+1}$ 的计算公式为：

$$\hat{y}_{t+1} = \frac{1}{N}\left(y_t + y_{t-1} + \cdots + y_{t-N+1}\right) = \frac{1}{N}\sum_{i=0}^{N-1} y_{t-i}$$

式中：N 表示移动平均的项数。

这种方法的一次移动平均只有一期的预测能力。

2. 加权移动平均法

此法是采用加权的方法加大近期数据的权数，突出近期数据在预测中的影响作用。设 W_i 为 y_{t-i} 的权数，满足各期值对预测值的影响由近及远逐渐减小，有 $W_0 > W_1 > \cdots > W_{N-1}$。则 $t+1$ 期的预测值 $\hat{y}_{t+1}$ 的计算公式为：

$$\hat{y}_{t+1} = \frac{W_0 y_t + W_1 y_{t-1} + \cdots + W_{N-1} y_{t-N+1}}{W_0 + W_1 + \cdots + W_{N-1}}$$

$$= \sum_{i=0}^{N-1} W_i y_{t-i} \Big/ \sum_{i=0}^{N-1} W_i$$

（四）指数平滑预测

指数平滑法也称指数修匀预测法，按修匀次数的多少有一次指数平滑、二次指数平滑、三次乃至多次指数平滑。下面讨论的是一次指数平滑法。

在时间序列中，以本期的实际数 y_t 和本期的预测数 $\hat{y}_t$ 为依据，然后赋予不同的权数，求得下一期预测数。用公式表示如下：

$$\hat{y}_{t+1} = \alpha y_t + (1-\alpha) y_t$$

式中：$\hat{y}_{t+1}$ 为下一期的预测数；y_t 和 $\hat{y}_t$ 分别为 t 时期的实际数和预测数；α 为平滑系数，$0 < \alpha < 1$。

由于 $\alpha + (1-\alpha) = 1$，所以该公式实际上是加权平均公式。指数平滑法实质上是加权移动平均法的改良。下面是对公式的推演：

$$\hat{y}_{t+1} = \alpha y_t + (1-\alpha) y_t$$

$$= \alpha y_t + (1-\alpha) \big[\alpha y_{t-1} + (1-\alpha) \hat{y}_{t-2} \big]$$

$$= \alpha y_t + \alpha(1-\alpha) y_{t-1} + (1-\alpha)^2 \hat{y}_{t-2}$$

$$= \alpha y_t + \alpha(1-\alpha) y_{t-1} + \alpha(1-\alpha)^2 y_{t-2} + \alpha(1-\alpha)^3 y_{t-3} + \cdots$$

上式的各项系数是一个无穷等比数列，当 $t \to \infty$ 时，其总和：

$$\lim_{t \to \infty} \frac{\alpha \big[1 - (1-\alpha)^t \big]}{[1 - (1-\alpha)]} = \lim_{t \to \infty} \big[1 - (1-\alpha)^t \big] = 1$$

因此，可把各项系数视为加权平均数中的相对权数。由于权数呈指数形式递减，所以该方法被称为指数平滑法。

用指数平滑法来修匀时间序列，具有很多优点。它按"近大远小"原则给各期观测值赋予了不同的权数，既充分利用了以前各期观测值的信息，又突出了近期数据的影响，能够及时跟踪反映现象的最新变化。它采用递推公式，更便于连续计算，因为实际计算时不必保留以前全部信息，只需上期的平滑值和最新的观测值两项数据即可。其权数确定也较为简便，只需确定最新一期数据的权数，其他各项观测值的权数可自动生成。

应用指数平滑法的关键是平滑系数 α 的选择。α 越大，近期数据的权数就越大，权数递减的速度就越快，对现象变化的跟踪反应就越敏捷，但修匀作用就越弱；反之，α 越小，对数据的跟踪反应越迟缓，而修匀作用越强。因此，α 的选取一般可从以下几个方面来考虑：①如果认为时间序列中随机波动成分较大，为了尽可能消除随机波动的影响，可选择较小的 α；反之，若认为随机波动成分较小，为了及时跟踪现象的变化，突出最新数据的信息，可选择较大的 α。②如果现象趋势的变化很平缓，可选择较小的 α；如果现象趋势的变化比较剧烈，例如呈阶梯式特征，应选择较大的 α。③通过大小不同的 α 值进行试算，使得预测误差最小的 α 值就是最合适的平滑系数。

（五）自回归预测

当时间序列前后期数值之间存在明显的相关关系时，可以建立自回归趋势模型，通过前期指标值预测未来的趋势值。

当各期指标值之间呈线性相关关系时，相应的自回归模型的一般形式为：

$$\hat{y}_t = b_0 + b_1 y_{t-1} + b_2 y_{t-2} + \cdots + b_n y_{t-n}$$

上式称为 n 阶自回归趋势模型，t 期的指标值为因变量，t 期之前的指标值为自变量，$b_0, b_1, \cdots, b_n$ 如为待估参数。特别地，若时间序列各期指标仅受前一期或前 i 期指标值的影响时，相应的自回归模型称为一阶自回归模型，即：

$$\hat{y}_t = b_0 + b_1 y_{t-i} \quad (i = 1, 2, \cdots, n)$$

当时间序列各期指标值之间呈非线性相关关系时，相应的自回归模型表现为各种曲线模型，最常见的是二次曲线自回归模型：

$$y_t = b_0 + b_1 y_{t-i} + b_2 y_{t-i}^2 \quad (i = 1, 2, \cdots, n)$$

自回归模型能否用于预测，还必须通过误差项的自相关检验才能确定。

第二节　对比与统计指数分析

一、对比分析

（一）对比分析的概念

对比分析是一种常用的统计分析方法。在各种数量分析方法中，对比分析是最简单但也是应用最广泛的统计分析方法。所谓对比分析，就是根据现象之间的客观联系，将两个有联系的统计指标进行对比，反映其数量上的差异或变化。对比分析在统计分析中具有重要的意义。通过对比分析，可以揭示现象之间数量上的相互联系和对比关系。由于客观现象总是相互联系的，在对立统一中发展，只有在现象的各种相互联系中进行对比分析，才能更深入地反映客观现象的本质特征和规律性。例如，把某地区生产总值与历史数据对比，可以反映生产规模的动态发展变化情况；与人口数对比，得到人均地区生产总值指标；与社会劳动者人数对比，得到劳动生产率指标，可以对该地区经济发展的速度、经济实力的强弱等做出科学合理的判断和评价。

对比分析可以采用相减的方法，也可以采用相除的方法。采用相减的方法，对比的结果表现为绝对数的形式；采用相除的方法，对比的结果则表现为相对数的形式。而采用相减或相除的方法，分析的意义也有所不同。

例如，某企业本月产品销售收入为 3 000 万元，上月销售收入为 2 400 万元，本月所销售产品的成本费用为 2 600 万元。为了反映该企业销售收入的变化和本期经济效益状况，可以采用相减的对比方法，本月销售收入比上月增加了 600 万元，销售利润为 400 万元；也可以将两个有关数字相除，表明本月销售收入增长 25%，销售利润率为 15.38%。

在实际应用中，采用相对数形式来进行对比分析是比较常见的方式。这是因为，绝对数形式的对比结果会受总体规模的影响，不同时空的数据常常缺乏可比性；另外，相减的方法只能适用于计量单位相同的同种统计指标对比，因此无法反映不同量纲的统计指标之间的差异，而相对数形式的对比分析可以避免这些问题。

在一般情况下，如果分子和分母的指标使用同种单位的指标，经过分子分母单位的消除可使比率成为无名数，即概括地表示分子数值为分母数值的多少倍或几分之几等。它们的表现形式有倍数（系数）、成数、百分数、千分数等。倍数是指将对比的基数分母抽象化为 1 而算出的相对数。百分数是将对比的基数分母抽象化为 100 而算出的相对数，用符号%表示。这种形式在计算相对指标数值时最为常见，如居民收入为上年的 115%（增长15%），某年投资额占国内生产总值的 38% 等。由于百分数本身已将现象之间的具体数量差异抽象了，对两个百分数进行对比大多采用相减的方法。两个百分数相减的结果用百分点来表示，即以 1% 为单位，每 1% 为一个百分点。也就是说，百分点说明的是以百分比形式表示的两个相对数相差的幅度。如某企业某年流通费用率为 3%，上年为 4%，则该年流通费用率比上年下降了 1 个百分点。再比如，某企业产品优质品率从以前的 60% 上升为 90%，虽然也可以通过相除，认为优质品率提高了 50%，但此结果过于抽象，容易引起误解，而利用百分点来说明，即该企业优质品率提高了 30 个百分点，更容易理解。千分数是将对比的基数分母抽象化为 1 000。而算出的相对数，用符号‰表示。当对比的分子数值比分母小得多时，宜采用千分数的形式，如人口出生率、死亡率、自然增长率等都是用千分数表示。

当相对指标的分子与分母不是同一种计量单位时，则要用复名数表示，即以分子分母的单位共同构成相对指标的计量单位。例如，人口密度以人／平方千米为单位，表示平均每平方千米居住多少人口；动力装备程度以千瓦／人为单位，表示每个工人装备多少千瓦动力；等等。

（二）对比指标的种类

1. 结构相对指标

结构相对指标是表明总体内部的各个组成部分在总体中所占比重的相对指标，也叫结构比重指标，用来分析现象总体的内部构成状况。计算公式为：

$$结构相对指标 = \frac{总体内部部分数值}{总体数值量}$$

结构相对数一般用百分数或系数表示，其计算公式的分子和分母既可以是单位总量指标，也可以是标志总量指标。计算结构相对数事先要将总体进行分组，然后再分别由各组总量与总体总量对比计算出各组的结构相对数。

结构相对数的特点是：各组结构相对数之和等于1（100%）。

2. 比例相对指标

比例相对数是反映总体内部各个组成部分之间的数量对比关系的指标。计算公式为：

$$比例相对指标 = \frac{总体内某一部分数值}{总体内另一部分数值}$$

比例相对数能够反映事物内部各部分之间的数量联系程度和比例关系。社会经济现象中的许多重大比例关系，诸如人口性别比、积累与消费的比、农轻重之比例关系等，都可以通过计算比例相对指标予以反映，有助于发现并研究社会经济的发展变化规律。

3. 比较相对指标

比较相对指标是同类现象在不同地区、部门、单位之间的对比，用以表现同类现象在不同空间条件下的数量对比关系。计算公式为：

$$比较相对数 = \frac{甲总体的指标数值}{乙总体同类指标数值}$$

比较相对指标所对比的指标可以是总量指标，也可以是相对指标或平均指标。它既可用于不同国家、地区、单位之间的比较，也可用于先进与落后的比较，还可用于和标准水平或平均水平的比较。通过对比，可以揭示同类现象之间发展的不均衡程度。根据分析说明的目的和方式不同，比较相对指标的分子与分母还可以互换位置。

4. 强度相对指标

强度相对指标是两个性质不同、但有一定联系的总量指标数值之比，用来说明一种现

象在另一种现象中发展的强度、密度和普遍程度。计算公式为：

$$强度相对数 = \frac{某一总量指标数值}{另一性质不同但有联系的总量指标数值}$$

强度相对指标的数值表现形式一般为有名数，其单位为复合单位，是由分子指标和分母指标原有的计量单位组成。如人口密度用"人／平方千米"来表示，等等。当分子指标与分母指标的计量单位相同时，也可以用无名数表示，即系数、倍数、百分数或千分数等。如货币流通速度用货币流通次数表示，流通费用率用百分数表示，人口出生率用千分数表示，等等。

有些强度相对指标的分子、分母可以互换。这时有正指标和逆指标两种形式，正指标和逆指标分别表示了不同的分析意义。如：

$$十万人拥有的商业网点 = \frac{某地区商业网点数}{某地区人口（十万）}$$

$$每个商业网点服务人口数 = \frac{某地区人口数（十万）}{某地区商业网点数}$$

强度相对数的应用主要有以下几个方面：

第一，将某些经济总量与人口总数对比，用来分析说明一个国家、地区或部门经济实力的强弱。如人均国内生产总值、人均钢铁产量、人均能源生产总量等。

第二，反映现象的密度和普遍程度，说明社会服务能力。如人口密度、银行储蓄所或自动取款机的网点密度（某地区银行储蓄所或自动取款机的数量与该城市人口数或城市面积之比）、每个医院（或医生）所服务的居民人数（某地区居民人数与该地区医院数或医生人数之比）等。

第三，将产出与投入的有关指标数值进行对比，反映经济效益。例如，资金利税率（利税总额与平均资金占用量对比）、投资效果系数（某一时期的产出增加额除以引起这一增加的投资额）、流动资金周转天数（产品销售收入除以平均流动资金占用额）等。

此外，强度相对数还可以用于反映现象之间相互依存和关联程度。如资产负债比率（负债总额与资产总额对比），外贸依存度（对外贸易总额与 GDP 之比），能源生产（消耗）的弹性系数（即能源生产或消耗的增长率与 CDP 增长率之比），等等。

与其他相对数比较，强度相对数具有几个明显的特点：①强度相对数的分子分母一般可以互换，故说明同一问题的强度相对数通常有正指标与逆指标两种形式。如资金利税率是正指标，若将其分子分母互换，即为每实现 1 元利税所占用的资金量，就是逆指标。②强度相对数大多数为有名数（且为复名数），有些也用百分数或千分数等无名数形式表示，如外贸依存度、人口死亡率（报告期死亡人数除以报告期平均人数）。③强度相对数常常带有"平均"意义，但统计理论上把它作为一种相对数而不是平均数。例如，人们容易把人均国内生产总值这个强度相对指标说成是平均指标。应当了解的是，人均国内生产总值分子与分母的关系不是同一总体内的标志总量与单位总量之比，分母中的每个单位不是分子的标志值的承担者（如人口总体中没有参与生产劳动的老年人和小孩不是国内生产总值生产者，因此不是国内生产总值的承担者）。而强度相对指标不存在各个标志值与各个单位相对应的关系，它是两个有联系的总量指标的对比，作为分子的总量指标数值的大小并不受作为分母的总量指标数值大小的影响。

5. 动态相对指标

动态相对指标是现象在不同时间的两个指标数值之比，用来反映现象在不同时间的发展变化情况。动态相对指标又称为发展速度，计算公式为：

$$动态相对数 = \frac{报告期水平}{基期水平}$$

6. 计划完成相对指标

计划完成相对指标是计划管理的特有指标，它是用来进行检查、监督计划执行情况的相对指标。计划完成相对指标是现象的实际完成数与其计划任务数之比，基本计算公式为：

$$计划完成相对数 = \frac{实际完成数}{计划任务数}$$

计划完成相对指标通常用百分数表示，其分子是计划执行结果的实际数值，分母则是下达的计划任务指标数。因此，要求分子、分母在指标含义、计算方法、计量单位以及时间长度等方面完全相应。同时，由于计划任务数是作为衡量计划完成情况的标准，分子、分母不可互换。

由于所下达的计划任务数可以是绝对数，也可以是平均数或相对指标，因此，计划完成相对指标在计算形式上有所不同。

（1）计划数为绝对数时，计划完成相对指标的计算公式为：

计划完成相对数 - 实际完成绝对数

$$计划完成相对数 = \frac{实际完成数}{计划任务数}$$

该指标适用于考核社会经济现象的规模或水平的计划完成情况。

（2）计划数为平均数时，计划完成相对指标的计算公式为：

$$计划完成相对数 = \frac{实际完成的平均水平}{计划任务的平均水平}$$

该指标适用于考核以平均水平表示的技术经济指标的计划完成情况。

（3）计划数为相对指标时，计划完成相对指标的计算公式为：

$$计划完成相对数 = \frac{实际完成百分数}{计划任务百分数}$$

$$= \frac{1 \pm 实际增加或减少百分数}{1 \pm 计划增加或减少百分数}$$

（三）应用对比分析方法的原则

为了正确反映现象之间的数量联系和差异程度，在进行对比分析时，应注意以下几个方面的原则。

1. 可比性原则

可比性原则是指用来对比分析的指标必须具有可比性。可比性是对比分析的首要条件。将不可比的资料用来对比，非但不能得到正确的结论，反而会引起混乱，给人以错误的认识。指标的可比性涉及多个方面，主要是要求指标在含义、总体范围、计算口径、计算方法、所属时间和计量单位等方面应保持一致，或与分析目的相适应。

可比与否还要结合分析的具体任务来判断。例如，按总产值计算的劳动生产率和按增加值计算的劳动生产率，由于这两个指标的含义和内容不相同，一般是不可比的；假如要分析这两个劳动生产率究竟相差多少，则二者就可以对比了。可见，对于可比性的理解应该是辩证的，而不能机械化、绝对化。有时在这种情况下不可比，而在另一个情况下却是可比的。

2. 正确选择对比基准原则

对比基准或基数是指对比分析的比较标准，也就是计算相对数的分母指标。对比基数的选择，取决于所研究现象的性质特点和具体的研究目的。假如基数选择不当，就不能真实地揭示现象之间的数量联系。例如，就业率和失业率的计算就不能以总人口为分母，而应该以劳动力资源总数（或就业人数与失业人数之和）为分母。在对经济现象进行横向对比时，要尽可能选择资源禀赋等条件相似的国家来比较。进行动态对比时，基期的选择要反映一定历史阶段的特点，要选择比较稳定或正常的时间为基期。

3. 相对数与绝对数结合运用原则

相对数是个抽象的比率，不能反映现象在绝对水平上的差异。有时相对数很小，但其代表的绝对量可能很大（如我国人口自然增长率）；反之，有时相对数很大，但其代表的绝对数量可能很小。因此，在进行对比分析时，必须注意将相对数与有关的绝对数结合，既表明现象之间的联系和差异程度，又反映其绝对数量，这样才能做出正确、深入的分析。

4. 多种相对指标结合运用原则

不同相对指标是从不同角度说明现象之间的联系和对比关系的。要全面、深入地分析和研究问题，就必须把有关的相对指标结合起来，对所研究的问题进行多角度的观察和比较分析。

二、统计指数的基本概念

（一）统计指数的概念和作用

统计指数是社会经济统计中常用的一种重要方法。统计指数的含义有广义和狭义两种。广义的指数是指一切说明社会经济现象数量变动的相对数，我们在第一节中讨论的相对指标就属于广义指数；狭义的指数是一种特殊的相对数，即用来说明不能直接相加的复杂社会经济现象综合变动程度的相对数。下面我们所要研究的统计指数就是指狭义的指数。

统计指数具有以下几项作用：

其一，可以综合反映复杂现象总体的数量变化关系。复杂现象总体的数量变化常常受到许多因素的影响。例如，受多种因素的影响，各种商品价格变动的方向和幅度经常是不一致的，有些商品价格上涨，有些商品价格下跌，而且上涨与下跌的幅度也不一样。商品价格总指数是各种商品价格综合影响变动的结果，通过编制统计指数可以反映其总体的变动方向和程度。再比如，股票价格的变动也是一种复杂现象，通过编制股票价格指数可以反映股票市场价格总变动的情况。

其二，可以分析各个因素的变动及其对复杂现象总体变动的影响程度。复杂现象总体的变动是各种因素综合影响的结果，而各种因素自身变动的幅度和变动方向常常是不一致的，对总体变动的影响也不同。

其三，可以分析各个因素变动对总平均水平变动的影响程度。例如，城镇就业人口平均工资水平的变动，既受各行业职工工资水平变动的影响，也受各行业职工构成变动的影响。借助于统计指数方法，就能对全体就业人口的工资水平变动进行分析，同时分析各行业职工平均工资变动及其对全体就业人口平均工资变动的影响，分析各行业职工所占比重的变动及其对全体就业人口平均工资的影响。

其四，可以分析复杂现象总体的长期变化趋势。借助连续编制的动态指数形成的指数数列，可以反映现象在长时间的变化趋势。如果把两个相互联系的指数数列（如居民收入指数和价格指数）加以比较，还可以进一步认识复杂现象总体之间数量上的变动关系。

其五，运用统计指数可以对多指标复杂社会经济现象进行综合测评。如对综合国力、社会发展水平的综合评价研究。

（二）统计指数的种类

由于分析对象的不同，统计指数可以划分为不同的种类。

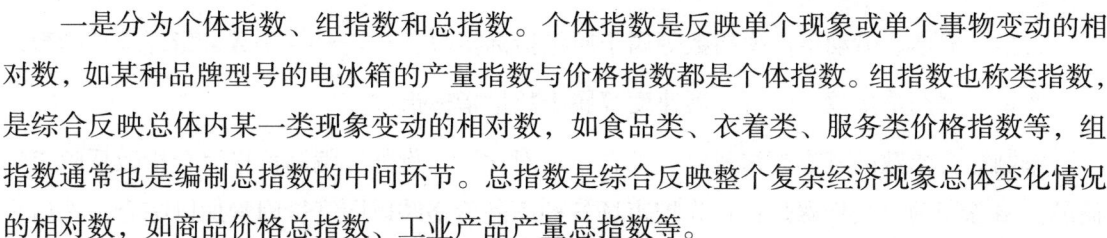

一是分为个体指数、组指数和总指数。个体指数是反映单个现象或单个事物变动的相对数，如某种品牌型号的电冰箱的产量指数与价格指数都是个体指数。组指数也称类指数，是综合反映总体内某一类现象变动的相对数，如食品类、衣着类、服务类价格指数等，组指数通常也是编制总指数的中间环节。总指数是综合反映整个复杂经济现象总体变化情况的相对数，如商品价格总指数、工业产品产量总指数等。

二是分为数量指标指数和质量指标指数。数量指标指数反映所研究现象的数量规模变动，如产品产量指数、商品销售量指数等。质量指标指数反映所研究现象的质量水平变动，如商品价格指数、产品成本指数、劳动生产率指数等。

三是分为动态指数和静态指数。统计指数最初的含义是动态指数，由两个不同时间上的经济量对比形成，反映社会经济现象在不同时间上的发展变化。动态指数按所对比的基期的不同，分为定基指数与环比指数两种。静态指数是后来在实际应用中才提出的，包括空间指数和计划完成情况指数两种。空间指数是指不同空间的同类现象水平在同一时间对比的结果，反映现象在不同区域的差异程度。计划完成情况指数则是将某种现象的实际水平与计划水平对比的结果，反映计划的完成程度。

三、综合指数

（一）综合指数编制的基本原理

统计研究的对象主要是总体现象。因此，从研究对象的范围来看，编制指数主要是指总指数。综合指数就是总指数的基本形式之一。

编制综合指数首先必须明确两个概念：一是"指数化指标"，二是"同度量因素"。所谓指数化指标就是编制综合指数所要测定的因素，如商品价格综合指数所要测定的因素是价格，所以价格就是指数化指标。所谓同度量因素是指媒介因素，借助媒介因素，把不能直接加总的因素过渡到可以加总，所以称其为同度量因素。编制综合指数的目的是测定指数化指标的变动，因此，在对比的过程中对同度量因素应加以固定。综合指数的基本公式如下：

$$I_p = \frac{\sum p_1 q_i}{\sum p_0 q_i}$$

$$I_q = \frac{\sum q_1 p_i}{\sum q_0 p_i}$$

公式中 P 表示质量因素，q 表示数量因素，下标 1 表示所要分析的时期称为报告期，i 表示被比较的时期称为基期为同度量因素固定的时期。$I_p = \frac{\sum p_1 q_i}{\sum p_0 q_i}$ 是质量指标综合指数形式。价格、成本、劳动生产率指数等属于质量指标指数。$I_q = \dfrac{\sum q_1 p_i}{\sum q_0 p_i}$ 是数量指标综合指数形式。产量、劳动量指数，经济发展速度等属于数量指标指数。

编制综合指数的基本方法是"先综合，后对比"。例如，编制价格综合指数反映市场商品价格总变动，其步骤是：首先把市场各种商品价格乘以同度量因素加以综合，然后再进行对比。

编制综合指数必须解决以下两个问题：

一是必须根据指数化指标的性质确定同度量因素的性质。一般而言，质量指标指数的指数化指标是 P，其同度量因素是数量指标 q，两者的乘积 pq 是一价值总量；数量指标指数的指数化指标则是 q，其同度量因素是 P，两者的乘积 qp 也是一价值总量，价值量指标加总后，其经济意义具体、明确。

二是必须确定同度量因素所固定的时期。根据不同的研究目的和所研究的现象的特点，同度量因素可以固定在基期，也可以固定在报告期。但分子分母中的同度量因素必须固定在同一时期，只有这样，才能把握所要测定的指标的变动。

需要指出的是，同度量因素具有权数的性质。例如，在价格综合指数中，同度量因素 q 不仅可以使各种不同商品的销售价格转化为可以相加的价值量，而且由于各种商品的销售量不同，其各自价格变动对综合价格指数影响的大小也有所差别。由于基期与报告期的各种商品销售结构可能不一样，因此，将 P 固定在不同的时期（基期或报告期），所得到的综合指数的计算结果是不相同的。所以，在编制综合指数时，如何选择合适的权数，是一个需要着重研究的问题。

（二）拉氏指数和帕氏指数

1. 拉氏指数

拉氏指数（简记为 L），是德国统计学家拉斯佩雷斯在 19 世纪 60 年代中期提出的。拉氏指数公式的特点是将同度量因素固定在基期水平上，因此也称基期综合指数，其公式如下：

$$L_q = \frac{\sum q_1 p_0}{\sum q_0 p_0}$$

$$L_P = \frac{\sum p_1 q_0}{\sum p_0 q_0}$$

2. 帕氏指数

帕氏指数（简记为 P），是德国的另一位统计学家帕舍在 19 世纪 70 年代中期提出的。与拉氏指数不同之处是，帕氏指数将同度量因素固定在报告期水平上，因此也称报告期综

合指数。其公式如下：

$$P_q = \frac{\sum q_1 p_1}{\sum q_0 p_1}$$

$$P_P = \frac{\sum p_1 q_1}{\sum p_0 q_1}$$

3. 拉氏指数和帕氏指数的比较

上述两种指数各有特点：

首先，由于采用权数不同，依据同一资料计算的拉氏指数和帕氏指数的计算结果通常会存在差异。

其次，拉氏指数将同度量因素固定在基期水平上（即以基期数值为权数），在定基指数数列中，各期指数不受权数结构变动影响，因而可比性更强。帕氏指数将同度量因素固定在报告期水平上（即以报告期数值为权数），权数结构会随报告期而改变，因而会使各期指数的可比性受到影响。

最后，二者的具体经济意义有一定差别。以价格指数为例，从前面的分析可以看到，拉氏价格指数是在基期销售数量和结构的基础上，来考察价格的变化及其对销售总额变动的影响，这从消费者的角度可以说明：为了维持基期消费水平或购买基期那么多的商品，由于价格变化将会使消费支出增减多少。帕氏价格指数则是在报告期销售数量和结构的基础上，来考察价格的变化及其对销售总额变动的影响，它可以说明由于价格变化而使消费者报告期所购买的商品增减了多少消费支出，或反映由于价格变化而使销售者报告期所出售的商品增减了多少销售收入。所以，二者都有实际经济意义，但相比之下，帕氏指数立足于报告期，其分析具有更强的现实性。在实际应用中，数量指标指数的计算较多采用拉氏指数公式，而质量指标指数的计算较多采用帕氏指数公式。

（三）其他形式的综合指数

1. 马埃公式

马埃公式（简记为 E）由英国著名经济学家马歇尔和埃奇沃斯等人于 19 世纪 80 年代末期提出。该指数是对拉氏指数和帕氏指数的同度量因素进行简单平均。公式具体形式如下：

$$E_p = \frac{\sum p_1 \left(\frac{q_0 + q_1}{2} \right)}{\sum p_0 \left(\frac{q_0 + q_1}{2} \right)} = \frac{\sum p_1 (q_0 + q_1)}{\sum p_0 (q_0 + q_1)} = \frac{\sum p_1 q_0 + \sum p_1 q_1}{\sum p_0 q_0 + \sum p_0 q_1}$$

$$E_q = \frac{\sum q_1 \left(\dfrac{p_1 + p_0}{2} \right)}{\sum q_0 \left(\dfrac{p_1 + p_0}{2} \right)} = \frac{\sum q_1 \left(p_1 + p_0 \right)}{\sum q_0 \left(p_1 + p_0 \right)} = \frac{\sum q_1 p_1 + \sum q_1 p_0}{\sum q_0 p_1 + \sum q_0 p_0}$$

计算空间指数时，理论上要求指数应能通过对比基准互换测验，也就是说，对比基准互换前后的两个指数应该是互为倒数的关系。例如，比较 A 和 B 两个地区物价水平的差异程度时，如果说 A 地区价格水平是 B 地区的 200%，那么 B 地区价格水平就应该是 A 地区的 50%。但是，无论对拉氏指数还是对帕氏指数，对比基准互换前后的两个指数之间都不存在上述倒数关系。而采用马埃指数就可以解决这种矛盾，它将同度量因素固定在两个对比空间的平均水平上，不受对比基准地区选择的影响。

2. 费歇指数

费歇指数是对拉氏指数和帕氏指数的几何平均。具体公式如下：

$$F_P = \sqrt{\frac{\sum p_1 q_1}{\sum p_0 q_1} \cdot \frac{\sum p_1 q_0}{\sum p_0 q_0}}$$

$$F_q = \sqrt{\frac{\sum q_1 p_1}{\sum q_0 p_1} \cdot \frac{\sum q_1 p_0}{\sum q_0 p_0}}$$

费歇指数（简记为 F）由美国经济学家沃尔什和庇古等人于 20 世纪初提出。后来美国统计学家费歇验证了该指数不仅可以通过对比基准互换测验，而且还能通过因素反向测验。所谓因素反向测验，是指既然销售额受销售量与销售价格的影响，那么数量指数和价格指数的乘积应当等于销售额指数。虽然拉氏销售量指数和帕氏价格指数（或帕氏销售量指数与拉氏价格指数）之间有上述关系成立，但拉氏销售量指数和价格指数（或帕氏销售量指数与价格指数）并不能通过因素反向检验，所以费歇将该指数形式称为理想公式。

3. 固定权数综合指数

固定权数综合指数由英国经济学家杨格提出，因此也称杨格指数。在固定加权综合指数中，同度量因素所属时期既不固定在报告期也不固定在基期，而是固定在一个特定的水平上。公式具体形式如下：

$$I_p = \frac{\sum p_1 q_n}{\sum p_0 q_n}$$

$$I_q = \frac{\sum q_1 p_n}{\sum q_0 p_n}$$

式中：q_n 和 p_n 分别表示特定的物量和价格水平。

由于固定权数综合指数的同度量因素不因比较时期（报告期或基期）的改变而改变，因此采用固定权数综合指数不但较为方便，而且便于观察现象长期发展变化的趋势。

参考文献

[1] 雷思友，刘伟．统计学 [M]．徐州：中国矿业大学出版社，2017.

[2] 周明，张丽颖．统计学 [M]．上海：上海交通大学出版社，2017.

[3] 胡春春．统计学 [M]．北京：北京理工大学出版社，2017.

[4] 张宏．统计学 [M]．北京：北京理工大学出版社，2017.

[5] 孙海涛，宋荣兴．统计学 [M]．沈阳：东北财经大学出版社，2017.

[6] 方国松，何海燕．统计学 [M]．广州：华南理工大学出版社，2017.

[7] 王彦，张红，徐文瑞．统计学 [M]．镇江：江苏大学出版社，2017.

[8] 刘太平．统计学基础 [M]．吉林：吉林大学出版社，2017.

[9] 王朝辉，王靖会．统计学基础 [M]．成都：四川大学出版社，2017.

[10] 梁怡．统计学基础 [M]．上海：上海财经大学出版社，2017.

[11] 冯力．统计学 [M]．沈阳：东北财经大学出版社，2018.

[12] 李建华，刘洋．统计学 [M]．北京：中国商务出版社，2018.

[13] 李青阳，谭棉，常晶．统计学 [M]．青岛：中国海洋大学出版社，2018.

[14] 姜岩．统计学 [M]．北京：中国商业出版社，2018.

[15] 张仁寿．统计学 [M]．北京：中国统计出版社，2018.

[16] 陈东红，姬钰，徐冬梅．统计学原理 [M]．合肥：合肥工业大学出版社，2018.

[17] 王春芳，李英．统计学原理与实务 [M]．西安：西北工业大学出版社，2018.

[18] 游士兵，廖祺，李梅．统计学：第 3 版 [M]．武汉：武汉大学出版社，2018.

[19] 曾五一．统计学概论：第 3 版 [M]．北京：首都经济贸易大学出版社，2018.

[20] 卫爱华．统计学基础 [M]．上海：同济大学出版社，2018.

[21] 韩兆洲．统计学原理：第 8 版 [M]．广州：暨南大学出版社，2018.

[22] 邢小博，张瞳光，周海涛．统计学原理 [M]．北京：九州出版社，2018.

[23] 陈民伟，陈仁恩．统计学基础 [M]．厦门：厦门大学出版社，2018.

[24] 吴有庆，刘雅琴．统计学原理统计学 [M]．武汉：华中科技大学出版社，2019.

[25] 田孟．统计学基础 [M]．天津：天津大学出版社，2019.

[26] 李静秋，于学文，马会 . 应用统计学 [M]. 北京：北京理工大学出版社，2019.

[27] 李丽清，管仕平 . 统计学原理及应用 [M]. 武汉：华中科技大学出版社，2019.

[28] 杜永莲，周砚军，吴毅 . 统计学管理与方法路径探索 [M]. 北京：中国财富出版社，2020.

[29] 俞海莲 . 统计学原理 [M]. 北京：中国轻工业出版社，2020.

[30] 薛章林，刘定祥，可英 . 应用统计学 [M]. 重庆：重庆大学出版社，2020.

[31] 宫春子，刘卫东，刘宝 . 统计学原理 [M]. 第 3 版 . 北京：机械工业出版社，2020.